非凡出版

思考致富

（美）拿破崙·希爾 著

吳雲 譯

Think & Grow RICH

Napoleon Hill

新編

作者序

啟發 500 多位成功人士的秘訣

過去我曾花費長時間分析案例，歸納分析出成為富人的秘訣。此書的每一章，都提到致富的秘訣，而這些秘訣早已經使各行各業超過 500 人成為巨富，放諸四海皆準，歷久不衰。

20 多年前，19 世紀末的美國鋼鐵大王兼首富安德魯・卡耐基（Andrew Carnegie，1835-1919）最早讓我注意到了這個秘訣。當我還是個孩子的時候，這位精明可愛的蘇格蘭老人不經意地將這個秘訣植入我的腦海。當時他靠在椅子後背上，快樂地眨着雙眼，認真地看着我，觀察我是否能真正領會他話語中的全部意思。

　　當他看出我明白了他的意思後，便問我是否願意用 20 年甚至更長時間，把這個秘訣傳授給世人，讓他們不再庸庸碌碌虛度一生。我欣然同意。於是，在卡耐基先生的幫助下，我兌現了自己的承諾。

　　本書中的秘訣是經過了成千上萬人的實踐與檢驗而成，對象幾乎遍佈各行各業。**卡耐基先生認為，那些沒有時間研究如何致富的人，也應該了解這個給他帶來巨大財富的神奇秘方。**他希望我通過各種人的實踐，檢視並證明這個秘訣的可行性。他認為，所有的學校和大學都應該講授這個秘訣。他還表示，如果講授得當，這個秘訣將給整個教育行業帶來一場革命，使學校教育時間至少減少一半以上。

　　在「信念」一章中，你會讀到一個令人驚訝的故事：龐大的美國鋼鐵公司的創建構想和實施竟然出自一個年輕人之手，而他正是卡耐基先生秘訣的實踐者之一。這個故事證明，卡耐基先生的秘訣將適用於所有準備接受它的人。僅僅只是運用這個秘訣，查理斯・M・施瓦布先生就獲得了巨大的財富和無限商機。粗略地估算，這個秘訣的應用，給他創造了 6 億美元的價值。

　　對每個認識卡耐基先生的人來說，這些事實幾乎人盡皆知，了解它們，你會知道這本書對你意味着甚麼，但要有一個前提，你要知道自己想要的是甚麼。

　　按照卡耐基先生的設想，這個秘訣已經傳授給數千人，並且使他們獲得了個人利益。運用這個秘訣，有些人發了財，有些人成功建立了和諧的家庭生活。一位牧師就是充分運用這條秘訣，獲得了高達 7.5 萬美元的年收入。

　　辛辛那提的裁縫亞瑟・納什，曾用他幾近破產的生意驗

證了這個秘訣。事實證明，它不但讓他的生意起死回生，還為他帶來了大筆財富。今天，雖然納什先生早已不在人世，但他的生意依然興隆。這個實驗在當時引起了極大的關注，報紙雜誌給予了它極高的讚譽，這無異於為他做了價值超過百萬美元的廣告。

德克薩斯州達拉斯的斯圖亞特・奧斯丁・威爾得知了這個秘訣後深受震撼，竟然為此放棄了原來的專業，改學法律。他後來成功了嗎？本書中你也會看到他的故事。

我曾經在拉薩爾函授大學（Lasalle Extension University）做過廣告部經理，當時這所大學還寂寂無名。我有幸見證了 J・G・卓別林校長成功地運用了這個秘訣，使拉薩爾大學很快躋身於美國優秀函授大學之列。

我所說的秘訣在本書中會被提到上百次。但至今我還沒有直接說出它的名稱，因為只有將它呈現出來時，那些準備接受它而正在尋覓它的人才能讓它為其所用。正因為如此，當時卡耐基先生不動聲色地把這個秘訣傳授給我時，並沒有說出其具體名稱。

如果你準備好運用這個秘訣，那麼在本書的每一章你都會找到它。如果你想知道這個秘訣是甚麼，我會很樂意告訴你，但這樣會剝奪你用自己的方式去發現它而獲得的樂趣。

如果你曾經灰心喪氣，如果你有無法克服的障礙，如果你的努力換來的是失敗，如果你在忍受病痛的折磨，那麼我兒子對卡耐基秘訣的理解和運用的故事，會是你苦苦尋覓的絕望沙漠上的一片綠洲。

伍德羅・威爾遜在第一次世界大戰中曾經應用個這個秘訣。他將這個秘訣精心地隱藏在訓練中，讓每一個參戰士兵

在奔赴前線前，都接受了它的指導。威爾遜總統告訴我，在募集戰爭所需的巨額經費時，這個秘訣發揮了強大作用。

這個秘訣的特別之處在於，那些掌握並運用它的人從此一路走向成功。如果你不相信，不妨研究那些曾經用過此道的人，無論它在哪裏提及，都能驗證這條真理。你可以親自核對他們的歷史記錄，然後你就會信了。

當然，世上沒有免費的午餐！

要想得到我所說的秘訣，不可能不付出代價。但是這個代價絕對物超所值。無意尋找它的人，付出的代價再大，也無法得到它。你無法指望別人的恩賜，也別指望用金錢買到它，因為它包含了兩個部分。那些準備好接受它的人已經將其中的一個部分握在手中了。

這個秘訣對所有準備接受它的人而言，一樣有用。與所受教育程度無關。我出生以前很長時間裏，湯瑪斯・A・愛迪生已經用到了這個秘訣。雖然他只接受過 3 個月的學校教育，但他巧妙地應用了這個秘訣，成了世界聞名的發明家。

愛迪生的事業夥伴愛德溫・C・巴恩斯也有效運用了這個秘訣。儘管當時他的年收入只有 1.2 萬美元，但成功運用秘訣後，他卻賺得了大筆財富，並在盛年之際就功成身退。本書第一章之初就講述了他的故事。它會讓你相信，財富並非遙不可及，你仍然能成為你想要的樣子，只要你願意、有決心獲得，金錢、名譽、地位和幸福，也許你最終都能得到。

我是怎麼知道這些的呢？讀完本書前，你就會知道答案。對你來說，答案可能在第一章，也可能在最後。

應卡耐基先生的要求，我進行了長達 20 年研究，分析了數百位知名人士的成功經驗。他們中的很多人都承認，他

們是在卡耐基的秘訣指導下，積累了巨大財富。這些名人有：

福特汽車創辦人　亨利・福特（Henry Ford）

美國海軍陸戰隊傳奇人物　哈里斯・F・威廉斯（Harris F. Williams）

美國箭牌創辦人　小威廉・里格利（William wrigley Jr.）

教育家　弗蘭克・岡薩拉斯博士（Dr. Frank Gunsaulus）

百貨商店之父　約翰・沃納梅克（John Wanamaker）

鐵路公司總裁　丹尼爾・威拉德（Daniel Willard）

美國鐵路大王　詹姆斯・J・希爾（James J. Hill）

吉列剃刀創辦人　金・吉列（King Gillette）

派克筆公司創辦人　喬治・S・派克（George S. Parker）

遊覽客運公司老闆　拉爾夫・A・威克斯（Ralph A. Weeks）

美國旅館先驅　E・M・斯塔特勒（E. M. Statler）

法官　丹尼爾・T・萊特（Judge Danid T. Wright）

Citgo 石油公司創辦人　亨利・L・多爾蒂（Henry L. Doherty）

石油大王　約翰・D・洛克菲勒（John D. Rockefeller）

出版公司創辦人　賽勒斯・H・K・柯帝士（Cyrus H. K. Curtis）

發明家　湯瑪斯・A・愛迪生（Thomas A. Edison）

柯達公司創辦人　喬治・伊斯特曼（George Eastman）

花旗銀行總裁　弗蘭克・A・範德利普（Frank A. Vanderlip）

美國鋼鐵公司總裁　查理斯・M・施瓦布（Charles M. Schwab）

超市創辦人　F・W・伍爾沃斯（F. W. Woolworth）

美國總統　希歐多爾・羅斯福（Theodore Roosevelt）

大來遊船公司創辦人　羅伯特・A・朵拉爾上校（Robert A. Dollar）

政治家　約翰・W・大衛斯（John W. Davn）

波士頓富商　愛德華・A・法林（Edward A. Filene）

作家　亞伯特・哈伯德（Elbert Hubbard）

裁縫師　亞瑟・納什（Arthur Nash）

飛機發明者　威爾伯・賴特（Wilbur Wright）

知名律師　克拉倫斯・達羅（Clarence Darrow）

美國國務卿　威廉・詹寧斯・布萊恩（William Jennings Bryan）

教育家　大衛・斯達・喬丹博士（Dr. David Starr Jordan）

美國總統　威廉・霍華德・塔夫特（William Howard Tar）

律師　斯圖亞特・奧斯丁・威爾（Stuart Auain Wier）

肉品包裝業大亨 J・奧傑恩・阿莫爾（J. Odgen Armour）

美國總統　伍德羅・威爾遜（Woodrow Wilson）

慈善家　朱利斯・羅森沃爾德（Julius Rosenwald）

報社編輯　亞瑟・布里斯班（Arthur Brisbane）

園藝家　盧瑟・伯班克（Luther Burbank）

牧師　弗蘭克・克蘭博士（Dr. Frank Crane）

普立茲獎得獎作家　愛德華・W・博克（Edward W. Bok）

報人　弗蘭克・A・芒西（Frank A. Munsey）

政治家　喬治・M・亞歷山大（George M. Alexander）

美國律師　亞伯特・H・加里（Elbek H. Gary）

大學創辦人　J・G・卓別林（J. G. Chapline）

作家　約翰・佩特森（John H. Patterson）

參議員　詹甯斯・藍道夫（U. S. Sen. Jennings Randolph）

現代電話發明者　亞歷山大・格雷厄姆・貝爾博士（Dr. Alexander Graham Bell）

愛迪生的事業伙伴　愛德溫・C・巴恩斯（Edwin C. Bames）

等等

這些名字只是數百位美國知名人士的一小部分。無論他們在哪個方面取得的成就都證明：卡耐基秘訣幫助他們到達了生活的巔峰。如果說過有人沒有接受並運用這個秘訣，卻能在自己選定的行業裏取得令人矚目的成就，那簡直是不可能的，更不用說要出人頭地，或累積到甚麼財富。從以上兩個事實可以得出結論：要想成就大事，就必需知識，而這則秘訣要勝過通常人們所說的「教育」。

那麼，甚麼是教育呢？本書作出了詳細解答。

如果你已經做好探求的準備，讀本書你會發現這則秘訣會躍現紙上，映入你的腦海！那時，你就會真正認識它。**無論是在第一章還是最後一章，只要它出現在你的眼前，就停下來，將它出現的位置記錄下來，因為這一刻將是你人生中的重大轉折。**

在讀本書的時候，還要記住一點，本書所說的都是事實，而非虛構，其目的是為那些準備接受並運用它的人，提供一條放之四海皆準的真理，讓他們知道接下來該做甚麼、如何去做的細節。從而讓他們從書中得到激勵，並開始自己的行動。

在你開始讀第一章之前，我想提一個小小的建議，作為你尋找卡耐基秘訣的線索。我的建議是：**一個人所有的成就、所有的辛苦所得的財富，都有其意念的源泉！**如果你已經準備去尋找它，那麼你已經擁有了這個秘訣的一半。因此，當另一半一旦出現在你的面前，你會立即認出它來，並且一步步實現。

我們現在即將轉到第一章，看看我那個摯友的故事。他曾坦承自己曾領會過那神奇的訊號。讀到他和另一些人的故

事時，不要忘了，他要解決的是人生中的重大問題，而這些
也正是所有其他人同樣即將經歷的。無論是誰，當你為謀生、
為尋找希望、鼓勵、滿足和安寧，為致富、為自由而奮鬥時，
隨時都會碰到這些問題。

目錄

01

Golden Rule

心想才能事成

如果一個人真想做一件事，那他一定會做成。

When one is truly ready for a thing, it outs in its appearance.

普通人：
我沒有高學歷，
在起跑線已輸掉了。

成功的人：
我很想成功！
而且我一定會成功的！

心想才能事成，這是千真萬確的。只有當這種意念與特定目的、毅力和某種強烈欲望融為一體時，它的力量就會強大無比，此時它能轉變成財富或其它有形的物質。

發明家與「流浪漢」

多年以前，愛德溫·巴恩斯發現思考致富這個真理。他的發現並非憑空產生，而是始自他想成為偉大的愛迪生事業夥伴的強烈欲望，然後點滴得來。

巴恩斯的欲望有一個主要特徵，就是堅定不疑。他想和愛迪生共事，而不是為他工作。如果仔細觀察他將欲望變成現實的過程，你會更好地理解他的致富原則。

當這種欲望或者思想衝動第一次出現在他的腦海中時，他還不具備實現這個欲望的條件。擺在他面前的有兩大難題——他不認識愛迪生，也沒有足夠的錢乘火車去新澤西州奧蘭治。

這些困難足以讓很多人退卻，從而放棄這種奢侈的欲望。但是他的欲望卻非同尋常！

他來到愛迪生的實驗室，宣稱要加入這位發明家的事業。多年以後，談到巴恩斯與愛迪生的第一次見面時，愛迪生說：

「他站在我面前，和一個普通的流浪漢沒有甚麼兩樣，但是他的臉上透出一種神情，讓人覺得他有一種追求目標的執着。從多年與人交往的經驗，我知道，如果一個人真正想得到一件東西，願意用整個未來做賭注，那麼他

一定會得到。我給了他這個機會，因為我看出，他已經下定決心，不達目的絕不放棄。事後證明，果然如此。」

他能在愛迪生的辦公室開始自己的事業，並不是靠着一個年輕人的外表，因為那恰恰是他的弱勢。**起關鍵作用的，是他的意念。**

第一次會面時，巴恩斯並沒有立即成為愛迪生的事業夥伴。他只獲准在愛迪生的辦公室工作，而且薪水非常微薄。

幾個月過去了。表面看來，巴恩斯並沒有朝心中確立的遠大目標更進一步。但他的頭腦中正在經歷一個重大變化。他做愛迪生事業夥伴的欲望正在日益強烈。

心理學家說得對：「如果一個人真想做一件事，那他一定會做成。」巴恩斯已經準備去做愛迪生的事業夥伴，而且他有不達目的誓不甘休的決心。

他沒有對自己說：「幹這個有甚麼意思？還不如換個推銷員的工作。」相反，他對自己說：「我到這兒來，就是要加入愛迪生的事業。我一定要實現這一意願，即使讓我用一生來追求，我也願意。」他說到做到。如果一個人確立了明確的目標，並且矢志不渝地去追求，就會創造一個完全不同的人生。

也許，年輕的巴恩斯當時並沒有意識到這一點，但是他那種堅定不移的決心和實現夢想的執着毅力，註定會幫助他排除障礙，創造夢寐以求的機會。

機會的狡猾和偽裝

當機會來臨時，它的出現形式和背景是巴恩斯未曾想到的。這就是機會的狡猾之處。它習慣於從後門溜進來，而且常常以「不幸」或「暫時的挫折」作為偽裝。也許正因為如此，許多人才看不出甚麼是機會。

愛迪生當時剛剛完善了一項新發明的辦公室設備，叫做「愛迪生口授機」。他的推銷人員對這種機器並沒有熱情。他們認為，不下大力氣根本賣不出去。巴恩斯看到自己的機會來了。這個機會悄無聲息、以一種樣子奇怪的機器的形式出現，而除了巴恩斯和它的發明者之外，沒有人對它感興趣。

巴恩斯知道自己能賣出愛迪生口授機。他向愛迪生提出了自己的想法，立即得到了機會。他果真賣出了機器。實際上，他做得非常成功，所以愛迪生和他簽訂了合同，讓他在全美進行銷售。通過與愛迪生的事業合作，巴恩斯發了財，不過他成功的意義並不局限於此，他向世人證明，一個人真的可以「思考致富」。

巴恩斯最初的夢想對他究竟值多少錢，我無從得知。也許他獲得了兩三百萬美元的收益，但與他獲得的更了不起的知識財富相比，金錢的數額有多大已經不重要了。**這種知識財富就是：運用已知的原則，無形的意念能夠帶來物質上的回報。**

巴恩斯就是靠着自己的意念與偉大的愛迪生成了事業夥伴，而且靠意念發財致富。他除了知道自己想得到甚麼和不達目的不甘休的意志外，可以說他是白手起家。

功虧一簣

導致失敗的最常見原因之一是，人們往往在暫時的挫折面前退卻。每個人都會或多或少地犯這個錯誤。

達比的叔叔，在淘金熱時期也曾熱衷於此，因此到西部淘金，希望能發財。他不知道，更多的黃金來自大腦這個礦藏，而不是來自地下。他圈出一塊地，拿起鋤頭和鐵鏟就開始埋頭挖掘。

辛苦挖掘了幾週後，他終於看到了閃閃發光的礦石。但是他缺少將礦石運出地面的器械，於是悄悄地把礦藏掩蓋起來，然後順原路回到了馬里蘭州的威廉斯堡。他把這個重大發現告訴了親友和一些鄰居。他們湊足了錢，買了需要的器械並運到西部。達比和叔叔回到了礦區繼續挖掘。

第一車礦石挖掘出來，運到了一個冶煉廠。結果證明，他們找到的礦區是科羅拉多最豐富的礦藏之一。再有幾車礦石就能償還欠下的債務，然後就等大筆財富滾滾而來了。

礦井越挖越深，達比和叔叔寄予的希望越來越大。然後，新情況出現了。金礦的脈絡消失了！他們的希望落空了，聚寶盆已不復存在。他們拼命繼續挖掘，試圖重新找到金礦，結果徒勞無獲。

最終，他們決定放棄。

他們把器械賣給一個舊貨商，只賣得幾百美元，然後乘火車回了家。那個舊貨商找來一位採掘工程師察看礦區，然後進行了估算。工程師認為礦主的採掘之所以沒有

成功，是因為他不懂甚麼是「斷層線」。他的估算表明，再挖 3 英尺，達比和叔叔就能重新找到金礦的脈絡。金礦就在 3 英尺之下！

那位舊貨商從礦石上賺了數百萬美元，因為他懂得在放棄之前先諮詢專家的意見。

別人的拒絕不會讓我放棄

很久之後，當達比先生發現欲望可以變成黃金時，他終於彌補了損失，賺回了幾倍的收益。這一發現是他開始推銷壽險後獲得的。

達比時刻牢記，自己在距離黃金只有 3 英尺的地方停止了努力，因而失去了巨額財富。他對自己說：「我在離黃金還有 3 英尺的時候停止了努力，但如果我向客戶推銷保險時遭到拒絕，我決不會放棄。」這一教訓讓他在後來自己選定的事業中受益匪淺。

達比成了少數幾個每年賣出壽險超過百萬美元的人之一。他將自己這種持之以恆的精神歸功於在金礦開採事業中得到的教訓。

任何人在取得成功之前，必然要遇到很多暫時的挫折甚至失敗。如果一個人遭遇了失敗，那麼最容易也最順理成章的做法就是放棄。大多數人正是這樣做的。

全美 500 位最成功人士的經驗告訴我們，他們最偉大的成功在於，面臨失敗時他們能堅持再邁出一步。失敗是個騙子，它對人尖刻而狡猾，喜歡當勝利近在咫尺時將人絆倒。

5毛錢的故事

達比從「挫折大學」畢業後，決心從採掘金礦失敗的教訓中獲益。不久後，他就有幸得到機會，證明「不」並不一定意味着不可能。

一天下午，達比在一座老式磨坊裏幫叔叔磨小麥。叔叔經營的農場上住着很多租田的黑人農民。這時候，門輕輕地打開了，是一個黑人佃農的女兒。她走進來，站在門邊。

叔叔抬起頭，看着那個孩子，然後大聲地喊道：「你幹甚麼？」

那個孩子怯生生地答道：「媽媽說她要5毛錢。」

「不給，」叔叔説，「回家去吧。」

「是，先生。」那個孩子答道。但她站在那兒沒動。

叔叔繼續忙着手上的活，根本沒注意到那個孩子沒有走。當他抬頭看到她還站在那兒時，就衝她吼道：「我説過讓你回家！快走，要不我拿鞭子抽你！」

小女孩説：「是，先生。」但她還是一動也沒動。

叔叔放下一袋正準備倒入磨小麥機的糧食，拿起一根木棍，滿臉怒氣地朝小姑娘走過去。

達比屏住了呼吸。他肯定就要親眼看到一頓痛打了，因為他知道叔叔的脾氣非常暴躁。當叔叔走到小女孩站立的地方時，她快速地向前跨出一步，抬頭望着他的眼睛，尖聲地叫着説：「我媽媽就要那5毛錢！」

叔叔停下來，看了她一會兒，然後慢慢放下棍了，把手伸進口袋，拿出5毛錢，給了她。

那個孩子拿着錢，緩慢地退回門邊，目不轉睛地盯着那個剛剛被她征服的人。她走後，叔叔坐在一個木箱上，兩眼呆呆地望着窗外，就這樣過了 10 多分鐘。他懷着敬畏的心情，思考着剛才發生的事。

達比當時也在思考。這是他有生以來第一次看到一個黑人小孩沉着冷靜地征服了一個成年白人。她是怎樣征服他的呢？是甚麼讓他的叔叔消除了怒氣，變得像鴿子一樣溫順？這個孩子用甚麼神奇的力量控制了當時的情形？這些以及其他類似問題在達比的腦海中閃過，但是直到多年後他向我講述這個故事時，才找到了答案。

非常巧合，我聽到這個不同尋常的故事時，正是在那個老磨坊裏，正是在達比的叔叔被挫敗的地方。

一個孩子的神奇力量

我們站在那間發黴的老磨坊裏，達比先生又一次講起了那次特殊的勝利。最後他問：「你明白這是怎麼回事嗎？那個孩子用甚麼神奇的力量，如此徹底地打敗了我叔叔？」

這個問題的答案就在本書寫到的原則中。答案詳盡而完整，其中既有細節，也有指示，可以讓每個人理解、運用那個孩子無意中得到的那種力量。只要注意觀察，你就會發現幫助那個孩子取得勝利的神奇力量。

在下一章中，你會認識這種力量。在本書的某處，你會有所頓悟，從而加速你的接受力，並且讓這種不可抵禦的力量為你所用。在第一章，也許你就會認識這種力量，

也許是在接下來的某一章中。它的出現形式可能是一個想法，一個計劃，或是一個目的。重申一下，它可能讓你想起過去遭遇的挫折或失敗，悟出某個教訓，從而重新得到在失敗中損失的一切。

當我把那個黑人小孩不經意間使用的力量講給達比先生聽時，他馬上想起 30 年來做壽險推銷員的經歷。他坦承，自己在這一領域的成功，在很大程度上歸功於從那個孩子身上學到的經驗。

達比先生指出：「每次客戶想拒絕我時，我都好像看到那個孩子站在那間老磨坊裏，大眼睛裏閃着不屈不撓的光芒。我就對自己說：『我就要賣出這份保險。』我賣出的多數保險都是在人們說過『不』之後又成功的。」

他還回憶起自己開採金礦時功虧一簣的錯誤。他說：「那次經歷是塞翁失馬。它告訴我，不管一件事有多困難，都要堅持做下去。懂得了這個道理，就沒有做不成的事。」

很多從事壽險推銷的人都會讀到達比和他的叔叔以及小女孩和金礦的故事，作者想對他們說，正是由於這兩次經歷，達比才能每年賣出 100 多萬美元的壽險。

達比的經歷既普通又簡單，但是兩次經歷中蘊涵着人生目標的答案；因而，這兩次經歷對他而言，和生命本身同樣重要。他之所以能從這兩次不尋常的經歷中受益，是因為他加以總結。從中汲取了教訓。但是，如果一個人既沒有時間，也無意在追求知識的過程中從失敗中學習，那麼他如何才能取得成功呢？在何處、如何才能將失敗轉變成成功的機會呢？本書對這些問題都作出了回答。

只需一個正確觀念

答案就在 13 項原則裏。不過請記住，讀的時候，促使你思索生活何等奇妙這些問題時，答案可能就藏在你的腦海裏，也可能它就在你閱讀時閃現在腦海裏的某種觀念、計劃或目的。

要取得成功，必須有一個正確觀念。本書的原則包含了產生有效觀念的方法和途徑。

講到這些原則之前，我們認為你應該看看以下這個重要的提示 ——

> 當財富到來的時候，它來得如此之快，如此之多，不禁使人懷疑。過去那一貧如洗的日子，它們都躲到哪裏去了？

這個說法讓人驚詫，尤其是想到人們常說的只有努力工作、持之以恆的人才能致富時，更感覺詫異。

開始用思考的方法致富時，你會發現，**致富的開始是一種心態，它有一個明確的目的，而毋須辛苦的工作**。你和所有的人一定都想知道，如何才能擁有吸引財富的那種心態。我花了 25 年來研究這一點，因為我也想知道「富人是如何發財的」。

掌握了這一理念的原則後，仔細觀察，並且開始按照要求運用這些原則，你的經濟狀況就會改善，你所做的一切就會朝着有利於你的方向發展。不可能嗎？完全可能。

人性的一個主要弱點就是經常說「不可能」這三個

字。人知道哪些法則不奏效，也知道哪些事情做不到。本書就是寫給那些尋求他人成功法則並願意不惜一切去實踐那些法則的人。

成功鍾情於那些有成功意識的人。

失敗鍾情於那些放任自己而產生失敗意識的人。

本書的目的就是要說明所有尋求改變，希望將失敗意識扭轉為成功意識的人。

人性的另一個弱點，就是習慣於用自己的印象和觀念評價所有的事、所有的人。讀到這裏，有的人會認為自己無法實現思考致富，因為他們認為自己的思維習慣已經淹沒在貧窮、不幸、失敗和挫折中。

這些不幸的人讓我想起一位到美國接受美式教育的中國人。他在芝加哥大學求學。有一天，哈珀校長在校園裏遇到這個年輕的東方人，停下來和他閒談了幾分鐘。校長問他，美國人給他留下的最深刻印象是甚麼。

這個學生答道：「嗯，是你們的偏見。你們總是斜着眼睛看人！」

對這位中國人的看法，我們該有何反思？

我們不願承認自己不懂的事物。我們愚蠢地認為，自己的局限都是合情合理的。當然，別人的眼睛也有偏差，因為他們都有自己的一套！

「不可能」成功的福特

當亨利・福特決定製造著名的 V-8 汽車時，他打算造一台內置 8 個汽缸的引擎，並讓工程師着手設計。但是，

設計圖繪製出來後，工程師們一致認為不可能在一個引擎內放置 8 個汽缸。

福特說：「無論如何，要想辦法造出來！」

他們答道：「可是，這不可能！」

「儘管去做，」福特命令他們，「不管花多少時間，一定要做出來。」

工程師們開始工作了。對他們來說，如果還想在福特公司幹下去，那麼別無選擇。6 個月過去了，毫無進展。又過了 6 個月，還是毫無進展。工程師們嘗試了能夠想到的每一種方案，但就是不行，也就是說「不可能」。

那了年底，福特來檢查他們的工作，他們還是告訴他，根本無法完成他的命令。

「繼續做，」福特說，「我想要這樣的引擎，我一定要擁有它。」

他們於是繼續工作，然後好像出現了奇跡，他們終於發現了奧秘。

福特的決心再一次獲勝了！

這個故事的細節不夠詳盡，但其大意和精髓已經呈現出來。希望思考致富的人，不難從這個故事中發現福特成為百萬富翁的秘密。

亨利·福特獲得了成功，因為他懂得運用成功的原則。**原則之一就是欲望：知道自己想要的是甚麼**。讀本書的時候，記住這個故事，找出描述福特取得巨大成就的詞句。如果能夠做到這一點，能夠領會使福特致富的具體原則，那麼你就能在任何適合你的職業中，取得與他同等的成就。

為甚麼你是「自己命運的主宰者」

當詩人亨利（Henley）寫下「我是自己命運的主宰者，是自己靈魂的統帥」時，他是在告訴我們，我們是自己命運的主宰者，是自己靈魂的統帥，因為我們有能力控制自己的思想。

他告訴我們，支配行為的意念讓大腦發生「磁化」，這些「磁石」以一種不為我們所知的方式將我們引向與我們的意念一致的力量、人和環境。

他告訴我們，在積累大筆財富之前，必須用取得財富的強烈欲望磁化我們的頭腦，必須用「金錢意識」武裝自己，直到對金錢的欲望驅使我們制定出取得金錢的明確計劃。

但是亨利是個詩人，不是哲學家，所以他只是在詩句之間表達了一個偉大的真理，而詩中的哲理則留給後人來體會。

慢慢地，真理將會自己顯現出來。現在可以確定地說，本書描寫的原則蘊涵着掌握我們經濟命運的秘密。

改變命運的原則

現在讓我們看一看其中的第一個原則。讀本書的時候，要保持虛心好學的心態，並且記住，這些原則不是某一個人的發明。這些原則已經在很多人身上應驗，你也可以讓它們為你所用，讓你長期受益。

你會發現做到這一點很容易，根本不難。

　　幾年前，我在西維吉尼亞賽勒姆市賽勒姆大學的畢業典禮上講話時，重點強調了這一原則的重要性（下一章將討論這一原則）。當時畢業班上的一名學生決心運用這一原則，並使它成為自己人生哲學的一部分。這個年輕人成了國會議員，是佛蘭克林・羅斯福政府中的重要人物。他後來給我寫來一封信，信中明確表達了他對第二章講述的原則的看法。我把這封信附在下面，作為第二章的引言。

　　親愛的拿破崙：

　　　擔任國會議員的工作讓我有機會發現了普通人的問題，所以我想寫信提出一點建議，幫助那些應該得到幫助的千千萬萬人。

　　　1922 年，您在賽勒姆大學的畢業典禮上發表過演講，當時我正是一名畢業生。在演講中，您將一個觀念植入我的腦海，讓我有機會從事為國民服務的事業，而且如果未來我取得任何成就，都將在很大程度上歸功於這一觀念。

　　　回想起來，那一幕彷彿就在昨天。您生動地講述了亨利・福特的故事。他沒受過正規教育，沒有錢，也沒有有權勢的朋友，卻達到了事業頂峰。在您的演講還未結束的時候，我就下定決心，無論跨越多少艱難險阻，也要闖出自己的一片天地。

　　　成千上萬的年輕人將在今年和今後幾年離開學校。就像我從您那兒得到的說明一樣，他們也需要得到一種切合實際的鼓勵。他們不知道下一

步走向何處，該做甚麼，以開始今後的生活。你
可以告訴他們，因為你已經幫助不計其數的人解
決了這些問題。

今天在美國，有數不清的人想知道如何將
理念變成金錢，而且他們都是白手興家，沒有經
濟基礎。如果說有人能幫助他們，那麼此人非你
莫屬。

如果你會出版此書，那麼我很想在出版後就
立即得到一本有你親筆簽名的書。

此致
誠摯的祝福

詹寧斯‧藍道夫

那次演講 35 年後，也就是 1957 年，我懷着愉快的心
情又一次來到賽勒姆大學，在畢業典禮上致辭。那一次，
我被授予榮譽文學博士學位。

自從 1922 年那次演講之後，我目睹詹寧斯‧藍道夫
成長為美國一流航空公司的高級經理人、一位極具鼓舞力
的偉大演說家和來自維吉尼亞州的國會議員。

成 功 人 士
· checklist ·

☑ 成功的關鍵作用是意念。

☑ 運用已知的原則，無形的意念能夠帶來物質上的回報。

☑ 面臨失敗時仍堅持再邁出一步。

☑ 不管一件事有多困難，都要堅持做下去。

☑ 致富由一種心態開始，它有一個明確的目的。

☑ 成功原則之一就是欲望：知道自己想要的是甚麼。

Golden Rule

欲望

如果你在頭腦中看不到巨額的財富，
就永遠別指望在銀行帳戶上看到它們。

If you do not see great riches in your imagination,
you will never see them in your bank balance.

普通人：
我天生條件不好。

成功的人：
我可將不利的條件，
變成獨一無二的優勢！

致富第一步 —— 一切成就的起點

50多年前，當愛德溫·巴恩斯在新澤西州的奧蘭治跳下貨運火車時，就像個流浪漢，但他卻有着國王般的宏圖大志！

他沿着鐵軌步行前往愛迪生的辦公室。一路上，他的腦子一直在思考。他真的站在愛迪生面前，請求愛迪生給他一個機會，讓他實現那個魂牽夢繞的強烈欲望，也就是要成為那位偉大發明家的事業夥伴。

巴恩斯的欲望不是一種希望，也不是一種願望，而是一種熱切的激動人心的欲望。這種欲望的力量超過了一切，清晰而明確。

幾年後，巴恩斯再一次站在了愛迪生面前，還是在第一次見到大發明家的辦公室。這一次，他的欲望變成了現實。他和愛迪生開始共事，一生的夢想終於實現了。

巴恩斯之所以成功，是因為他選擇了確定的目標，並為實現這一目標傾其所有，不遺餘力。

巴恩斯追尋的機會過了5年之後才出現。除了他自己，對別人來說，他不過是愛迪生事業車輪上的一個齒輪，但在他的心目中，從他和愛迪生一起工作的那一天起，每時每刻他都是愛迪生的事業夥伴。

這個例子有力地證明，一個確定的欲望有着無窮的力量。巴恩斯實現了目標，因為他想成為愛迪生事業夥伴的欲望勝過了一切。**他制定了達到目的的計劃，但同時破釜沉舟，切斷了所有退路。**他的欲望從未減弱過，直到這種欲望變成一生的執着追求，最終成為現實。

他去奧蘭治的時候，並沒有對自己說：「我要說服愛迪生給我一份甚麼工作。」他說：「我要見到愛迪生，讓他知道，我想成為他的事業夥伴。」

他沒有說：「如果我不能和愛迪生共事，還可以考慮別的機會。」他說：「在這個世界上，我只想做一件事，那就是成為愛迪生的事業夥伴。我要破釜沉舟，用一生作為賭注，去實現這個目標。」

他沒有給自己留下任何退路，要麼成功，要麼就是死路一條。

這就是巴恩斯成功的秘訣！

破釜沉舟的人

很久以前，一位偉大勇士所面臨的形勢使他作出了一個決策，而這個決策確保了戰事的勝利。他要指揮軍隊與強大的敵人作戰，敵人在人數上佔優勢。他讓士兵上了船，然後駛入敵國。士兵們下了船，卸下裝備後，他馬上下令將來時乘坐的船隻燒掉。在戰役打響前，他對士兵們說：「你們看到了，船隻已被燒毀。如果不能取勝，你們誰也別想活着離開這裏！現在我們已經無路可退 —— 要麼是勝利，要麼是滅亡。」

結果他們勝利了。

每個想取得成功的人都必須有破釜沉舟、切斷一切退路的決心和勇氣。只有這樣，才能在一種強烈的求勝欲望支配下，走上成功之途，而這也正是成功的根本。

芝加哥大火發生後第二天早晨，一群商人站在斯泰

特大街，看着眼前尚在冒煙的廢墟，那裏曾經是他們的店舖。他們聚在一起商量是該重建，還是該離開芝加哥，到更有前途的地方重新發展。絕大多數的人決定離開芝加哥，有一個人卻除外。

決定留下來重建的那個商人指着自己店舖的廢墟説：「先生們，我要在這個地方建立世界上最興隆的商店，不管再發生多少次火災，也絕不會動搖我的決心。」

那已經是近 100 年前的事了。如今他的商店建了起來，至今仍在那裏，它像一座高聳的紀念碑，更象徵着一種心態，那就是熾熱燃燒的欲望。對馬歇爾・菲爾德（Marshall Field）來説，最容易做到的，可能就是和他的商人朋友一樣離開那裏。當處境艱難，前景暗淡時，那些商人選擇了看似平坦的道路去。

請記住馬歇爾・菲爾德與其他商人之間的不同，因為這個將成功與失敗二者區別開來，正如巴恩斯與成千上萬曾在愛迪生那裏工作過的年輕人的區別一樣。

每個人到了明白金錢重要性的年齡時，都希望得到它。僅僅只有願望不能帶來財富。但是**如果有一種欲望，並把對財富的欲望變成一種執着的追求，然後制定出獲得財富的明確方法和途徑，並以決不懼失敗的毅力做支撐，就一定能成功。**

欲望變黃金的六個步驟

把追求財富的欲望變成金錢的方法，包括六個明確、實際的步驟：

首先，在腦子裏設想一下自己渴望得到多少金錢。僅僅對自己說「我想要好多好多錢」還不夠。要說出一個確切的數字。這種確定性有其心理學上的道理，下一章將對此加以討論。

第二，明確自己打算付出多大努力，去換取想要的財富，「世上沒有白吃的午餐」。

第三，確定得到夢想中金錢的時限。

第四，制定一個實現夢想的明確計劃，然後不論是否做好準備，立刻開始執行這一計劃。

第五，列一份清晰、具體的清單，寫下你想得到的金錢數額、得到這筆錢的最後期限、需要付出的代價，以及積累這筆財富的明確計劃。

第六，每天把這份清單大聲地讀兩遍，睡覺前讀一遍，早晨起來讀一遍。讀的時候，讓自己看到、感覺到並且相信自己已經擁有了那筆財富。

按照以上六個步驟行事非常重要，其中第六個步驟尤其重要。你可能會抱怨說，在沒有實際擁有一筆金錢之前，你「根本不會想像到自己已經有了錢」。如果你真有得到錢的強烈欲望，強烈得揮之不去，那麼你就會真的認為自己能擁有那樣的財富。其目的是讓你感覺到，你想得到這筆錢，並讓你堅定地相信，你一定會得到它的。

只有那些擁有金錢意識的人才能積攢起巨額財富。金錢意識是指頭腦完全沉浸在對金錢的欲望之中，以至於能看見自己實際擁有了它。

對於那些尚未入門的人，那些不了解人類內心活動原理的人，這些做法也許有些不切實際。不過，如果告訴那

些認識不到這六個步驟的重要性的人，這六個步驟來自於安德魯·卡耐基，那麼這些步驟所傳遞的資訊或許對他們有所說明。因為卡耐基本人出身貧賤，曾是鋼鐵廠的一名普通工人，儘管他出身卑賤，他卻正是利用這些原理，為自己創造了百萬美元以上的財富。

如果告訴他們，這六個步驟也曾接受過愛迪生的悉心檢驗，那麼他們會受到更大的啟發。愛迪生認為，這六個步驟不僅對積累財富至關重要，對實現任何目標都是必不可少的。

這些步驟不需要付出「艱苦勞動」，不需要作出犧牲，也不會讓你顯得荒唐可笑、妄自尊大。運用這些步驟也不要求我們受過多少教育，但是成功地運用這六個步驟，卻需要足夠的想像，從而讓你看到，並明白，**金錢的積累不能僅靠偶然和運氣**。一個人必須認識到，要得到巨大的財富，必須首先擁有夢想、希望、願望、欲望和精心計劃。

讀到這裏，你一定認識到，如果沒有對金錢的熾烈欲望，並且切實相信自己能夠擁有財富，那麼你就永遠不會得到它。

偉大夢想的力量

也許你還應該知道，從遠古到現在，每一位偉大的領導者是夢想家。如果你在頭腦中看不到巨額的財富，就永遠別指望在銀行帳戶上看到它們。在美國歷史上，務實的夢想家從來沒有像今天一樣，遇到這樣難得的黃金時機。

　　一心追逐財富的我們應該知道，我們身處這個變化的世界正迫切需要新思想、新的行為方式、新的領導者：新發明、新的教學方法、新的行銷方法、新書籍、新文學、新的媒體特色、新的電影創意及處理事業和生活各個方面事務的新手段。要得到更新更好的事物，必須要有明確的目的，也就是知道自己想要甚麼，並且擁有得到它的熾熱欲望。

　　渴望積累財富的我們應該記住，世界的真正領導者將是這樣一些人，他們善於發現尚未出現的機會中所蘊藏的無形力量，並將其實踐，把這種力量，或者說這種意念的衝動，轉化為科技、城市建設、工廠、機場、汽車以及給人們提供方便、使生活更美好的任何便利設施。

　　忍耐和視野是當今夢想家必備的質素。**那些害怕新思想的人還沒有着手，就已經失敗。**前人從來沒有遇到像今天這樣的好時代，現在有一個商業、金融和科技世界，等着我們用更新的思想去改造、去塑造。

　　如果你打算得到屬於自己的那份財富，就不要受任何人影響而嘲笑夢想家。要在這個變化的世界裏成為贏家，必須學習過去那些偉大開拓者的精神。他們的夢想賦予文明一切應有的價值，有了這種夢想的精神，你我才會有機會發掘、展示我們自己的才能。

　　讓我們記住吧，夢想令哥倫布發現了一個新世界。他用一生去探索它，並最終發現了它。偉大的天文學家哥白尼夢想世界的多樣性，並最終證明了它們。在他成功之後，沒有指責他不切實際，異想天開。相反，這個世界對他的功績崇拜有加。

　　如果你想做的事情是正確的，並且對此深信不疑，那麼儘管放手去做吧。讓夢想飛翔，如果遇到暫時的挫折，**不要在乎「別人」怎麼說，因為「他們」並不知道，每一次失敗都蘊涵着成功的種子，預示着與其等值的成功。**

　　貧窮且沒有受過甚麼教育的福特夢想有一架不用馬牽引的車，並用已有的工具開始探索實驗，而不是坐等機會的降臨。如今整個地球都能看到他的夢想實現。他拿車輪做實驗的次數，比有史以來任何一個人的都多，因為他無畏地堅持着自己的夢想。

　　愛迪生夢想製造一盞用電控制的燈，並從零開始着手將這一夢想付諸行動。經歷了一萬多次失敗後，他終於把夢想變成了實實在在的現實。腳踏實地的夢想家決不輕言放棄！

　　惠蘭夢想開連鎖煙草店，然後採取了行動，現在聯合煙草連鎖店已經遍佈美國的大街小巷。

　　萊特兄弟夢想一架能在空中飛行的機器。現在，全世界都能看到他們的偉大夢想帶來的影響。

　　馬可尼夢想找到一種方法，以控制大氣中的無形力量。他的夢想沒有落空，全世界上每一台收音機、電視機都是他這個夢想的結果，馬可尼的夢想將世界上最貧困的小屋和最豪華的莊園連在了一起，使遠在地球的人成為了近鄰。有一點你可能很感興趣，馬可尼的「朋友」曾把他關在精神病醫院接受檢查，因為他宣佈自己發現了一個原理，能不通過電線或其他看得見的直接通訊手段，而只借助空氣傳遞資訊。相比之下，今天的夢想家可是幸運多了。

世界上有無數機會，人們願意嘉獎這樣的夢想家。

讓夢想起飛

當今世界到處都是昔日夢想家根本不知道的眾多機遇，對夢想的熾熱欲望及行動的決心，是夢想家起飛的基點。**夢想不會來自冷漠麻木、遊手好閒和不思進取**。當今世界上不再對夢想家不以為然，不會說他不切實際。奮鬥吧，因為這些人已經煉就了鋼鐵般的精神。

記住，那些取得成功的人最初並不順利，他們經歷無數次令人心碎的奮鬥之後，才到達了夢想的彼岸。成功人士的人生轉捩點通常源自某個危機時刻，正是在這樣的危機中，他們發現了「另一個自我」。

約翰·班揚由於對宗教持不同觀點被關進監獄，遭受嚴刑拷打，之後，寫出了英國文學史上的佳作《天路歷程》（*Pilgrim's Progress*）。

歐·亨利曾遭遇極大的不幸，被關在俄亥俄州哥倫布的一個小小的監獄中，之後他發現了沉睡在頭腦中的智慧。迫於不幸，他發現了自己的「另一個自我」，通過想像，他終於發現自己可以成為一個偉大的作家，而不是可憐的罪犯和流浪者。

查理斯·狄更斯的第一個職業是為鞋油罐上貼標籤。初戀的失敗深深刺痛了他，讓他脫胎換骨，成了世界上最偉大的作家之一。他的愛情悲劇讓他首先寫出了《大衛·科波菲爾》（*David Copperfield*），然後是一系列其他作品，這些都豐富和完善了讀者的世界。

海倫·凱勒剛出生不久就成了一個又聾、又啞、又瞎的孩子。儘管遭遇了巨大的不幸，她卻把自己的名字刻在了歷史的偉大篇章中。她的生活經歷表明，沒有人能被打敗，除非她接受了失敗的現實。

羅伯特·彭斯是個目不識丁的鄉下人。他飽受貧窮之苦，長大後還成了酒鬼。但是世界因他而變得更加美好，因為他用詩為思想披上了美麗的衣裳，他拔掉了生活中的荊棘，取而代之的是芬芳的玫瑰。

貝多芬聽不見、彌爾頓看不見，但是他們的名字與日月星辰同在，因為他們擁有夢想，並把夢想變成了條理清晰的思想。

在轉到下一章之前，首先點燃你心中的希望之火、信念之火、勇氣之火、忍耐之火。如果你擁有了這樣的精神狀態，對上述原則如何運用有了充分了解，當你為想要的東西作好充分準備時，想要的一切自然會降臨。不妨用愛默生的一段話來表述：「對你而言有用，能夠為你提供幫助的每一句話，每一本好書，都會通過或開明或曲折的管道才能被你理解。」

「想得到」和「準備好接受」並不是同一回事。一個人只有相信自己能得到某種東西，才會準備接受它。**這種心態是信念，而不是只希望或願望。只有胸懷寬廣才會產生信念，封閉的思想不會激發信心、勇氣和信念。**

記住，制定遠大的人生目標、追求生活富足繁榮，並不比接受不幸和貧窮更困難。一位偉大的詩人曾在自己的詩句中寫下了這個永恆不變的真理：

我向生活索取一個銅板，
生活的給予卻極不情願，
無論我在黑夜如何乞求，
只能對着微薄的收入無言。
生活就是一個僱主，
它按你的要求給付，
而一旦自己定了薪酬，
就要把工作擔負。
我的追求不高，
卻驚異地知道，
原來我的所有要求，
生活都會慷慨回報。

欲望有如天助

　　本章寫到這裏，我想介紹一位我認識的最不同尋常的人。第一次看見他是在他剛出生幾分鐘後。他出生時根本沒有耳朵。當問及醫生時，他們不得不坦言，這個孩子也許會一生聾啞。

　　我對醫生的看法提出了質疑，我有權這樣做，因為我是這個孩子的父親。我還作出了一個決定，得出了一個看法，但我沒有告訴別人，只把這些埋在了心裏。

　　在我的內心裏，我堅信兒子將來會聽見，也會說話。怎麼才能做到呢？我相信一定會有辦法，我也知道自己一定會找到這個辦法。我想起愛迪生的不朽名言：「事物的發展會告訴我們真理，我們只需遵循它即可。它會給每個

人以指示，只要悉心聆聽，就會得到真諦。」

甚麼真諦呢？信念！我的欲望不是別的，就是兒子不應該作個聾啞人。對這個信念，我從未猶豫過，一秒鐘也未曾有過。多年以前我寫道：「**我們唯一的局限，是在自己的頭腦中設定限制。**」身在我面前床上的，是個天生沒有聽力器官的新生兒，就算他能聽見，能說話，難看的面容也許終生無法改變。不用說，這是一種局限，但並不是這個孩子在自己頭腦中設定的局限。

對此，我是怎麼做的呢？我要在兒子沒有耳朵的情況下，想辦法把尋求方法和途徑將強烈欲望傳達到他的大腦。

孩子剛剛懂事的時候，我就拼命給他灌輸聽的強烈欲望，希望上天能用他自己的方式把這種欲望變成實實在在的現實。

這種想法就在我的腦海裏，但我從未告訴過任何人。每天我都在心裏重述自己許下的諾言，一定不讓兒子做一個聾啞人。

兒子漸漸長大時，開始能注意到周圍的事物，我們發現他有些微弱的聽力。到了一般開始孩子學習說話的時候，他還沒有一點想說話的跡象，但是從他的表現我們能看出來，他能聽到一些聲音。這正是我渴望知道的事。我相信，如果他能聽到，哪怕是一點點聲音，就表明他有可能擁有良好的聽力。之後，發生了一件事給了我希望。這是一個讓人始料未及的意外。

我們買了一部留聲機。兒子第一次聽到音樂時就顯得非常喜歡，很快把留聲機據為己有。不久，他好像對某些

唱片情有獨鍾，記得其中一張是《通信蒂帕雷里的漫漫長路》（*It's a Long Way to Tipperary*）。有一次，他一遍一遍地反覆播放這張唱片，持續了近兩個小時。他站在留聲機前，用牙齒咬住留聲機的一邊。直到多年之後，我們才明白他自己形成的這種習慣是甚麼意思，因為當時我們從未聽說過「骨骼傳導聲音」的理論。

他把留聲機據為己有後不久，我發現，當我的嘴唇觸碰到他耳朵後面的乳突骨說話時，他能清楚地聽到我的聲音。這些發現讓我下決心採取種種手段，將讓兒子具有聽說能力這一欲望變成現實。此時，他正在想方設法的忙着說出某些詞語。雖然前景並不令人樂觀，但我想有了這種強烈欲望的支撐，一切並不是不可能。

確定他能聽清我的聲音後，我立即開始把聽和說的欲望注入他的大腦。很快我發現，兒子喜歡在床上聽故事。於是，我開始着手精心編造一些故事，旨在培養他的自立能力、想像力和「能聽見聲音、做個正常人」的強烈欲望。

有一個故事很特別，每次講的時候，我都會特意加進一些新鮮的、戲劇性的色彩。我精心設計了這個故事，旨在為他的心中植入一個觀念，亦即**不幸並非負債，而是一筆無形的資產**。雖然我研究過的一切哲理都清楚地表明，「每一種逆境都蘊藏着相同的優勢種子」，但我也必須承認，自己當時根本無法知道，怎樣才能將這種逆境轉化為一筆財富，不過，我仍然在兒子睡前的故事中包裝這種觀點，期待有一天他能找到方法，用自己的不利條件服務於某個有用的行業。

理智告訴我，沒有耳朵和天生的聽力器官無法得到恰

當的彌補。但是，信念支撐下的欲望將理智拋在一邊，激勵我堅持到底。

6分錢贏得一個新世界

分析回顧這些經驗時，我能看出，兒子對我的信心和那些令人驚歎的故事結局有着緊密聯繫。他對我告訴他的事深信不疑。我給他灌輸了這樣一個觀念，他擁有一項超越哥哥的難得優勢，這個優勢會通過許多方式體現出來。例如，學校老師會因為注意到他沒有耳朵而特別關照他，對他也更和藹。他們的確也是這樣做的。我努力讓他相信，就是等他長到可以賣報紙的時候（他哥哥已經是報業商人了），他會比哥哥有更大的優勢。因為，如果人們看到一個小孩，雖然沒有耳朵，卻依然聰慧、勤奮時，一定會多付錢給他。

他快7歲時，我們對他心靈的教化方法第一次開花結果。幾個月來，他一直央求媽媽允許他去賣報，但他媽媽一直沒有准許。媽媽擔心兒子一個人在大街上會不安全。

最終他抓住了一個機會。一天下午，他單獨與傭人留在家裏。他偷偷地從廚房的窗戶爬出去，跳到地面上，然後一個人走了。他向附近的鞋店借了6分錢作為本錢，用來買報紙，賣掉後，再投資，然後再賣，如此反覆，直到天黑。結帳後，還掉借來的6分錢後，他還淨賺了2毛4分錢。晚上我們回到家後，發現他已經在床上睡着了，手裏還緊緊攢着掙來的錢。

媽媽掰開他的手，拿出銅板，不由得哭了起來。這種

滋味很難形容，她為兒子人生的第一次勝利而哭。我的反應則正好相反。我開心地笑了，因為我知道，我在兒子心中深深植下的自信已經開始發芽了。

在他第一次商業實踐中，媽媽看到的是一個耳聾的孩子，冒着生命危險走出家門跑到大街上掙錢。**我看到的則是一個勇敢、進取、自立自強的小生意人，他對自己的能力增強了信心，因為他憑着自己的主動精神開始創業，而且獲得了成功。**他讓我感到欣喜，因為我知道，他已證實了自己足智多謀的品質，而這種品質將會伴隨他一生。

耳聾的孩子聽見了

隨後發生的事證明我的猜測沒有錯。他哥哥想要甚麼東西時，會躺在地上又哭又鬧，總是通過這種如願以償。而這個小聾孩子，總會制定一個掙錢計劃，然後靠自己的力量去獲得他想要的。在這種情況下，他依然堅持自己的計劃，說真的，這個兒子讓我明白只要不將身體缺陷當作失敗的藉口，**缺陷也可以轉變成向上攀登並實現目標的動力。**

在聽不見老師講課的情況下（除非近距離大聲說話），這個耳聾的孩子讀完了小學、中學和大學。他從沒有上過聾啞學校。我們也不讓他學手語，我們堅信讓他能過正常人的生活，和正常的孩子交往。雖然為此我們經常和學校老師激烈爭辯，但我們一直堅持着這個決定。

上中學時，他曾試用過電子助聽器，但對他沒有用。

大學畢業前的最後一個星期，偶然發生了一件事，可

以稱得上是他的人生重大轉捩點。在看來純粹巧合的情況下，他又得到了一個電子助聽器，是別人送給他試用的。基於上次對類似設備試驗的失望，他對這次試驗並不上心。他拿起助聽器，漫不經心地戴上，打開開關，結果，奇跡出現了，他一生渴望的正常聽覺變成了現實！生平第一次他真正真切地聽見了，而且聽得和正常人一樣清晰。

上天總是通過讓人捉摸不透的方式降臨奇跡。這個助聽器帶來的全新世界讓他欣喜若狂，他急忙衝到一部電話旁，撥給媽媽，清楚地聽到了她的回音。又過了一天，他生平第一次在課堂上清楚地聽教授講課，能夠輕鬆地和他人談話，而再不必請他們說得大聲些了。是的，他已真真切切地擁有了一個全新的世界。

「欲望」已經開始有了回報，但勝利還不夠徹底。這個孩子仍需找出明確、實用的辦法，以把這種缺陷化為等價的資產。

創造奇跡的意念

兒子當時還體會不出那件事的意義，只是陶醉在全新的聲音世界帶給他的喜悅中。他給助聽器的製造商寫信，滿懷激情地描述了他的體驗。他的信素樸而真誠打動了製造商，他們邀請他前往紐約。到達後，有人帶領他參觀了整個工廠。他和總工程師談着話，向他描述自己感受到的全然不同的世界。這時，一個奇跡，一個構想，或一個靈感——隨你怎麼說都行——閃進了他的腦海。就是這股意念念頭，將他的不幸轉化為財富，註定回報給他以雙重

的利益 —— 把金錢和幸福還給身後的數千人。

那個意念衝動的實質是：他想，對數百萬未受益於助聽器的聾人來說，如果他能將自己體驗到全新世界告訴他們，或許對他們會有實實在在幫助。

他進行了整整一個月的詳細研究。在此期間，他認真分析了整個助聽器工廠的行銷方法，並且想出了和全世界有聽力障礙的人溝通的管道和方式，以便和他們分享自己發現的全新世界。完成這項工作後，他開始根據自己的發現，着手起草了一個兩年計劃。當他把這個計劃提交給這家公司時，立刻獲得了一個可以實現抱負的職位。

開始上班時，他完全沒想到，自己註定要為上千名聾人帶來希望，切實減輕他們的痛苦。如果沒有他的幫助，那些人將一輩子生活在無聲的世界中。

與助聽器製造商接觸後不久，他們邀請我參加他們公司為聾啞人舉行的一個講座，講授怎麼樣傾聽聾啞人。我心存疑慮的到了場，並希望那不是一次浪費時間的出席。在那裏，我看到公司進行的產品展示，以及他們為聾啞人的恢復所做的一切，這些與我對兒子的努力有相通之處，儘管此前我並不知道，但在原則上確實是相通的。

就這樣，在命運之輪奇妙地拐了個彎後，我和兒子布雷爾註定要成為聾啞人的朋友，為他們的聽力缺陷伸出援手。只有我們父子活生生的證明了一個事實：患有聾啞生理缺陷的人，通過矯正是可以恢復正常人的生活的。這一點，在我的兒子身上已經得到了驗證，也必將在其它聾啞人身上得到證明。

我深信，如果不是我和他的母親殫精竭慮地塑造他的

內心世界，布雷爾將一生又聾又啞。

當我在他心中深像正常人一樣能聽能說的欲望時，而且渴望像正常人一樣生活時，那股思想衝動帶來了某種奇妙的影響，它迫使老天爺為他築起一座橋，以跨越他的心靈和外界之間的沉寂鴻溝。

如果我不將自己在這次經歷中的那份體驗公諸於世，那是不可原諒的。我相信，**對於有不變信念支撐下的強烈欲望的人而言，萬事皆有可能**。這樣說是我的責任，也是我的榮幸。

真的，要把熾烈的欲望變為客觀現實，經歷的道路註定是曲折不平的。布雷爾渴望正常聽覺，現在他擁有了！他生來殘障，這種情形很可能輕易地讓一個意志薄弱的人走上街頭流浪。

他還小的時候，我在他心中深植的小小「善意謊言」，讓他相信自己的不幸會變成一筆財富，從而使他獲利，事實證明這個善意的謊言已經得到了驗證。信心加上強烈的欲望，使世間任何事情 —— 不論正當與否 —— 都能變成現實。這些道理是任何人都可以免費獲得的。

意志的力量

我曾與很多有問題的人打過交道，在所有的經歷中，我從來沒遇到哪件事能比這一件事更能證明欲望的力量。

作家有時候有時會對一些所知甚少的主題著書立說，他們對這些主題所知甚少，或是膚淺地了解。而我則通過親生兒子的苦難，來驗證欲望的力量是多麼有用，這不能

不說是我的莫大榮幸。獲得這樣的體驗也許是冥冥之中的天意，因為當欲望在接受檢驗時，肯定沒有任何人像我兒子那樣，為將要發生的一切做好了準備。

如果自然的力量會屈從於欲望的意志力，那麼是否就可以斷定，人只要依靠自己就能戰勝自己的欲望呢？人的精神力量多麼奇怪，又多麼難以估量。我們不知道它是不是在自己能夠控制的範圍內，在每種情況下，每個人身上，每件事物中，用了甚麼方法將欲望變成客觀對等物。也許這個奧秘不可言傳。我在兒子腦海中注入了一種強烈的，能像正常人一樣能聽能說的欲望，這種欲望如今變成了現實。我在他腦海裏注入了將一種缺陷變成最大財富的欲望，如今也變成了現實。

到底用了甚麼方法，實現了這個驚人的目標？很難用語言描述，但它是由三個事實組成的：一是我將信念和對擁有正常聽力的欲望融為一體，傳遞給了兒子；二是我用每種想到的方法，通過堅持不懈的努力，在長達數年的時間裏，連續地向他傳達了我的欲望；第三他相信了我！

打開報紙，有關舒曼・海因克的一段簡短報導，透露了這位傑出女性成為著名歌手的秘密。我引述了這段文字，因為文章中強調的正是「欲望」。

在事業之初，舒曼・海因克小姐拜訪了維也納宮庭歌劇院的指揮，請他試聽自己的嗓音。但指揮沒有試聽。他看了看這個看起來笨拙、寒酸的女孩，不屑一顧地對她說：「你的長相平平，毫無特色，怎麼能期望在歌劇界成功？好孩子，放棄這個念頭吧！買架縫紉機，找個工作做。你永遠成不了歌唱家。」

這個結論言之過早了。維也納宮廷歌劇院指揮也許了解歌唱的技巧。但他不知道，如果一個人的欲望成了心中唯一的意念，到了着迷的程度，這種力量會有多大。如果對這種力量稍加了解，他就不會錯誤地在一個天才還未獲得任何機會時，輕易下定論。

幾年前，我的一位生意夥伴病了。他的病情一天天加重，最後不得不送到醫院接受手術。進手術室前，我心想像他這樣憔悴的人怎麼能過得了這一關呢。醫生告訴我，他可能沒多少生存機會了。不過，那只是醫生的看法而已，病人並不這樣看。

在被推進手術室前，他虛弱地在我耳邊說：「別聽他的，老兄，過幾天我就會出院了。」當時護士看着我，一臉同情。後來，他真的安全地度過了危險期。事後，他的醫生說：「救他命的，是那股想活下去的強烈欲望。要不是他拒絕接受死亡，早就捱不過去了。」

我相信在信心支持下的欲望力量之強大，因為我見過這種力量曾將出身低微的人，推向權力與財富的寶座；見過它從死神手中奪回生命；見過人們憑藉它，在即使遭受數百次不同的打擊挫折後，仍能捲土重來；我更見過，即使造物主讓我的兒子生活在一個沒有耳朵的世界裏，卻仍賜予他正常、快樂和成功的生活。

怎樣駕馭並使用欲望的力量呢？在本章和以後的章節裏，對這一點作出了回答。

我希望在此傳遞一種思想：一切成就，無論本質如何，目的如何，一開始都出於對某種明確目標的強烈欲望。大自然運用某種奇特而強大的精神化學作用原理，將

我們對強烈欲望的衝動包裹起來。欲望永遠不承認「不可能」這類字眼，也決不接受失敗的事實。

成　功　人　士

欲望變黃金的六個步驟

☑ 1. 在腦子裏設想一下自己渴望得到多少
　　金錢。

☑ 2. 明確自己打算付出多大努力。

☑ 3. 確定得到夢想中金錢的時限。

☑ 4. 制定一個實現夢想的明確計劃，立即
　　實行。

☑ 5. 列一份清晰、具體的計劃清單。

☑ 6. 每天把這份清單大聲地讀兩遍。

Golden Rule 03

信心

謊言重複千遍，也會變成事實。

If a man repeats a lie over and over,
he will eventually accept the lie as truth.

普通人：
這樣做沒可能成功的……
成功的人：
我有強烈的信心！

致富第二步 ——
想像成功，相信夢想一定能成真

信心是大腦中的主要催化劑。當信心和意念結合時，潛意識會立刻接收到它們結合所產生的震波，並把它轉化為精神等價物（spiritual equivalent），如果你許願，它還能將這種震動生成無窮的智慧。

在所有主要的積極情感中，信心、愛和性的力量最為強大。三者融合時，就能給意念以特殊的力量，使它立刻到達潛意識，並在那裏轉化為同等的精神力量。

愛與信念是心靈層面的，與人的精神有關。而性則是生物層面的東西，與肉體有關。這三種情感融合或混合，能有效地在人的有限思維與宇宙的無窮智慧之間打開一條通道。

如何培養信心

現在，有一種說法能讓我們更好地了解，將欲望轉化為物質或金錢時，自我暗示所起的重要作用：信心是一種心理狀態，通過自我暗示。對潛意識不斷肯定或反覆暗示，可激發和創造信心。

舉例來說，想一想你讀本書出於甚麼目的。不用說，你的目的就是想獲得一種能力，將欲望產生的無形意念衝動化為有形的物質或金錢。遵循「自我暗示」和「潛意識」兩章摘要中的指示去做，你的潛意識就會深信自己將會獲

得想要的所有一切。這樣，潛意識與信心之間建立了一種互動，潛意識也會回饋給你一種「信心」，讓你制定實現一切欲望所需的明確計劃。

一個尚未擁有信念的人怎麼樣樹立信念呢？這很難說清楚，就像給一個從未見過任何顏色的盲人描述紅色一樣。因為，他找不到合適的參照物進行對比。

信心是一種心態，也許熟悉了這 13 項原則後，你隨時可以按照自己的意願培養這種心態，因為信心就是通過應用這些原則，而自發產生的一種心理狀態。

不斷反覆而確定地對潛意識發號施令，是自發培養信心的唯一方法。

也許看一看以下這些犯罪分子的犯罪原因，可能會更明白信心的意義。一位著名的犯罪學家曾經説過：「第一次接觸罪惡行為時，人們通常會感到憎惡。但假如在一段時間內連續不斷地接觸犯罪行為，人們就會變得習以為常，不以為然。如果再持續更長時間的話，人們最終會接受它，並為之所左右。」

同樣的道理，如果不斷地將任何意念衝動傳達給潛意識，這些意念最終都將被接受，並通過潛意識產生回應，進而以最切實可行的步驟，化意念衝動為事實。

説到這裏，請再想一想這句話，所有感性的（被賦予感覺的）意念，如果與信心相結合，將立即轉化為與之相等的物質或對應物。

意念中的情感或「感覺」，是賦予思想以活力、生命力和行動力的重要因素。信心、愛和性如果與任何意念衝動相結合，將比任何單一情感的作用產生更加強大的

威力。

其實不只是與信心相合的意念衝動，凡是與任何積極情緒或消極情緒相結合的意念衝動，都會到達並影響我們的潛意識。

沒人「註定」應該倒楣

根據以上說法，我們可以理解，潛意識能將自身轉化為客觀對等物（physical equivalent），無論這種意念衝動是消極、具破壞性的，還是積極、具建設性的，它都會隨時作出與意念同等的反應，讓它變成現實。這也是數百萬人經歷的所謂「不幸」或「倒楣」的奇特現象的原因所在。

很多人相信自己「註定」貧窮失敗，因為他們認為有一種無法控制的神奇力量在左右着自己。其實他們就是創造自己「不幸」的元兇，因為他們擁有這種消極信心，潛意識捕捉到了近兩年這種消極信心，並將其轉化為客觀的對等物。

在這裏有必要再提醒一次，如果不斷將任何希望轉化為實質或金錢對等物（monetary equivalent）的欲望傳達給潛意識，那麼你很可能從中受益，因為當你處在那種期望或深信不疑的狀態下，變化真的會發生。信心或信念決定着潛意識的活動。當你通過自我暗示向潛意識下達命令時，沒有甚麼力量能阻止你「哄騙」自己的潛意識。我正是這樣哄騙了兒子的潛意識。

要使這種「哄騙」更加真實可信，在你召喚潛意

識時，不妨表現得彷彿自己已經擁有了夢寐以求的東西一樣。

潛意識接到的任何命令，只要是在自信或有信念的情況下傳達的，它都會以最直接最可行的方式來執行，並把它轉化為客觀的對等物。

當然，我已經說了很多，目的是為了讓你做好準備，你可以開始通過親身體驗或行動，去獲得將信心與任何傳達給潛意識的指令相結合的能力。實踐出真知，僅僅一讀這些方法還無濟於事的。

如果人可能由於接觸罪犯而成為罪犯，那麼，同樣也可以認為，人可以通過主動向潛意識思維暗示樹立信念的欲望，時間一久，潛意識會迫於這種具有支配作用的影響，產生與這個信念一樣的屬性。懂得這個道理，你就會知道激發積極情感以支配精神動力，抑制、排除消極負面情感，對一個人是多麼重要。

積極情感支配下的精神，最有利於產生這種精神狀態，也就是信心。以這種方式支配的精神，可以隨意地對潛意識發號指令，潛意識會立即接受並採取行動。

信心是一種心態，它產生於自我暗示

多少年來，宗教家一直在教化身陷苦難中掙扎的人類，要對這、對那「有信心」，還相信這樣那樣的教規、信條，但他們卻無法告訴人們怎樣才能樹立信心。他們沒有指出，「信心」是一種精神狀態，可以通過自我暗示激發的。

我們將以一般人都能看懂的語言，講述我們對這項原則的認識，通過這項原則，或許會讓你樹立起尚未具備的信心。

要相信自己。

開始之前，再一次提醒自己：

信心是一劑「永不失效的萬靈藥」，它賦予我們以生命、力量和貫徹思想地行動！

下面的句子應該讀上兩遍、三遍、四遍，而且應該大聲朗讀！

> 信心是聚集財富的起點。
>
> 信心是所有「奇跡」以及科學原理無法解釋的奧秘的基礎。
>
> 信心是治療失敗的唯一良藥。
>
> 信心是一種元素，與祈禱結合會產生化學效應，讓人直接和宇宙的無窮智慧交流。
>
> 信心是一種要素，能把人類有限腦力創造的普通意念震波，轉化為同等精神力量。
>
> 信心是開發無窮智慧的宇宙力量的唯一介質。

神奇的自我暗示

證據簡單明瞭。它隱藏在自我暗示的原則中。因此，讓我們將注意力集中在自我暗示上，去了解它究竟是甚麼，到底能帶來甚麼。

我們都知道，如果一個人不斷對自己重複某種信心，

那麼無論這件事是真是假，最終我們都會相信它。謊言重複千遍，也會變成事實。每個人會有不同的表現，因為他的意念支配他作出這樣的表現。如果我們有意在自己心中灌輸一種意念，再結合一種或多種和諧的情感，就會形成一種強大的推動力，從而指引、控制他的每個舉止、表現和行為。

下面的句子是個非常重要的真理：

意念與任何情感相結合，都會形成一種「磁力」，吸引大氣中其他類似或相關的意念。

這種與情感「相吸引」的意念，就像一粒種子，在肥沃的土壤裏生根、發芽、成長、不斷繁衍，直到原來的那粒小種子成為不計其數的同類種子。

大氣是一種宇宙物質，具有永恆的震動力。這種震動力既有破壞性的，也有建設性的。無論何時，它既能傳遞恐懼、貧窮、疾病、失敗、災難等消極而是破壞性的震動，又能傳遞富足、健康、成功和幸福的積極震動。

人的大腦會不斷吸引與內心意念相和諧的震波。人大腦中的任何思想、觀念、計劃或目標，都會吸引很多同類，並將這些「同類」和自身力量合併、成長，直到成為激勵並引發個人動機的主宰者。

現在，讓我們回到起點，以便了解如何將觀念、計劃或目標的原始種子種在心裏。這個問題很簡單：任何觀念、計劃或目標都可以通過無數次意念重複活動深植於心。所以我讓你寫出主要目的或確定的首要目標，以便你能牢記它，日復一日，大聲重複它，直到這些聲音的震波傳達你的潛意識。

　　我們之所以是現在這個樣子，是由於挑選了與內心意念相一致的思想震波。

　　下定決心拋棄一切逆境的影響，重建你的人生秩序。盤點內心的資產與債務，你會發現自己最大的弱點就是缺乏自信。借助自我暗示的原則，這種心理障礙就可以克服，怯懦也可以化為勇氣。這一原則的應用可以通過一個簡單的過程實現，也就是把積極的意念衝動合理排序、熟記、背誦，不斷重複直到它成為你潛意識的一部分。

自信秘訣

　　第一，我知道，我有能力實現人生中的明確目標；因此，我要求自己堅持到底，持續不斷，此時此刻，我承諾要把這種力量變成行動。

　　第二，我知道，心中的主宰意念最終會以外在的、有形的形式體現出來，並逐漸轉化為實實在在的事物；因此，我每天要花 30 分鐘集中意念，想像自己理想中未來的樣子，從而在心中形成一幅清晰的圖像。

　　第三，我知道，通過「自我暗示」原則，我心中任何積存已久的欲望，最終都會通過某種能實現目標的實際方式表現出來；因此，我要每天特意花 10 分鐘，要求自己培養自信心。

　　第四，我已經清楚地寫下一生中確定的主要目標，我絕不放棄努力，直到培養出實現目標所需的足夠自信。

　　第五，我完全明白，任何財富與地位只有建立在真理與正義的基礎上，才會持久；因此，我決不去做有損他

人利益的事。我要靠發揮自身的力量以及與別人的合作，實現成功。因為我願意為他人服務，別人也將樂於為我服務。我會摒棄仇恨、嫉妒、自私和譏諷，我要對別人奉獻一份愛，因為我知道，用消極態度對待他人，我將永遠不會成功。我要信任他人、信任自己，也爭取他人對我的信任。我要在這份自信秘訣上簽名，並把這一秘訣銘記在心，每天背誦一次。我深信它將逐漸影響我的思想和行為，直到讓我成為一個自信和成功的人。

這個秘訣的背後是一條人類尚無法合理解釋的自然法則，心理學家名之為自我暗示法則。如何命名這個秘訣並不重要，重要的是，如果建設性地應用它，那麼它會給人們帶來榮耀與成就。反之，如果破壞性地應用它，它隨時都會帶來破壞性結果。這句話中蘊含着一個意味深長的事實，即任何在挫折中沉淪，在貧窮、不幸和痛苦中度過一生的人，之所以會如此，是因為他們消極地應用了自我暗示原則。究其原因，是因為一切意念衝動都會在實際環境中彰顯出來。

消極思考的害處

潛意識區分不出甚麼是建設性的意念衝動，甚麼是破壞性的意念衝動。我們向潛意識輸入甚麼素材，它就通過意念衝動，完成甚麼加工。潛意識可以隨時把受恐懼驅使的意念轉化為事實，同樣也可以立即把受到勇氣或信心驅使的意念轉化為事實。

翻開醫學檔案，到處可見自我暗示的自殺例子。一

個人可能由於消極暗示而自殺，他的效果與通過其它手段自殺一樣。在美國西部一個城市，有一位名叫格蘭特的銀行官員，在未經行長同意的情況下擅自挪用了一大筆錢，並在賭場上揮霍一空。一天下午，有人來對賬，格蘭特離開銀行後，在一家旅館住下。當查帳的人找到他時，他躺在床上不停歎氣說這會要了他的命。沒過多久，他真的死了。隨後醫生宣佈，他死於精神自殺。

電力轉動着工業巨輪。如果合理地使用電力，它可以作出有益的貢獻，如果錯誤地使用，就會奪去一個人的生命。同樣，根據你對自我暗示原則的理解和運用的程度，它可能帶你走向從容和富足，也可能將你引向不幸、失敗和死亡的深淵。

如果你在連接並運用無窮智慧的力量時摻雜着恐懼、疑慮和不信任，那自我暗示法則同樣會接受這種不信任，把它當成一種恐懼變成客觀對等物。

就像風能使一艘船一會兒駛向東，一會兒駛向西。自我暗示原則既可以把你推向高峰，也可以讓你墜入谷底，這取決於你如何操縱「意念之帆」了。

通過自我暗示，任何人都可能取得意想不到的巨大成就。下面的這首詩充分說明了這一道理：

> 如果你認為自己會打敗，那麼你已經敗了，
> 如果你認為自己不敢，那麼你肯定會猶豫不前。
> 如果你想獲勝，卻認為自己無力制勝，
> 那麼幾乎可以斷定，你與勝利無緣。

如果你認為自己會輸，那麼你已經輸了，

放眼世界，我們會發現，

有志者事竟成 ——

一切都與心態有關。

如果你認為自己出類拔萃，那麼你就是如此，

你心高志遠，

你相信自己，

而後，勝利才會垂青於你。

人生賽場的比拼

並非永遠是更快、更強，

最後的勝利

屬於那個相信自己的你！

注意詩中特別強調的詞句，不難理解詩人心中的深刻用意。

沉睡的天賦

人的天性的某個角落，沉睡着成功的種子，這個種子一旦被喚醒，讓它成長起來，它能把你推向你從未想像過的人生高度。

正如音樂大師能讓美麗的音樂從琴弦上流淌出來一般，你也能喚醒沉睡在大腦中的天賦，讓它帶你到達理想的彼岸。

亞伯拉罕·林肯在40歲之前，還一事無成。他一直是個名不見經傳的無名之輩，直到一次重大的經歷闖入他

的生活，才喚醒了在他心中和腦中沉睡許久的天賦，這讓世界多了一位真正的偉人。那次「經歷」融合了悲痛與愛。它來自於安妮·拉特利奇 —— 林肯唯一真正愛過的女人。

眾所周知，「愛」的情感和「信心」這種精神狀態非常相似。因此，愛很容易將一個人的意念衝動化為精神對等物。在研究期間，作者通過分析數百位傑出人物的生平和成就的研究發現，幾乎每個成功者背後，都有一位女性的愛在支持着他。

假如你想求證信心的力量，不妨研究一下運用過這種力量的人取得的成就。

讓我們看看信心賦予著名的印度聖雄甘地的力量。此人為世界文明樹立了信心潛能的典範。雖然甘地沒有一般傳統意義上的權力工具，比如金錢、戰艦、軍隊和戰略資源，但他比同時代的所有人都更善於運用自身潛能。甘地沒有錢、沒有家，甚至沒有像樣的衣着，但他卻有一種力量。他是如何得到那種力量的呢？

他的力量源自他對信心原則的理解，他不僅擁有這種力量，還通過自己的能力，他把信心移植到兩億人的心中。

甘地影響了兩億人。他把他們團結起來，創造了萬眾一心的奇跡。他做到了即使地球上最強大的軍隊都沒有做到的事。

除了信心，世上還有哪種力量可以創造這樣的成就？

構想創造財富

經營企業需要信心與合作。在此分析一個事實,供人們充分了解企業家和商人創造財富的方法。想必讀者會有興趣,而且會從中受益。這個事實就是:想要獲取財富,必須先「投入」才有「收穫」。

讓我們回溯到 1900 年,當時正是美國鋼鐵公司成立之初。閱讀這個故事時,把這些基本事實記在心中,你就會明白,構想是如何轉變為巨額財富的。

首先,美國鋼鐵公司這個工業巨頭最初是以一種想法的形式出現的,它就醞釀在施瓦布的頭腦中。其次,想法與信念相結合;第三他制定了一個將想法轉化為現實的計劃;第四他通過在大學俱樂部的精彩演講,將計劃一步步實施;第五他通過意志力將計劃貫徹並堅持到底,直到計劃實現。第六他用一種對成功的熾熱欲望,為邁向成功做好了準備。

假如你也對如何聚集巨額財富感到好奇,那麼這個創造美國鋼鐵公司的故事將對你深具啟迪作用。假如你對思考致富感到懷疑,這個故事應該可以消解你的疑慮,因為在這個故事中,你可以清楚地看出,它應用了書中描述的大部分原則。

價值 10 億美元的精彩演說

1900 年 12 月 12 日晚上,大約 80 位美國金融界精英聚集在位於第五大道的大學俱樂部宴會廳,準備為一位來

自遙遠西部的年輕人接風。當時沒有幾個人意識到，他們即將目睹美國工業史上最有意義的一段插曲。

J·愛德華·西蒙斯和查理斯·斯圖亞特·史密斯不久前到匹茲堡訪問期間，受到了查理斯·施瓦布的熱情款待。為了表示感謝，他們特意為來自匹茲堡的施瓦布安排了這次晚宴，向東部銀行界介紹這位年僅 38 歲的鋼鐵業人士。但他們並不希望施瓦布嚇跑與會人士。事實上，這兩個人甚至提醒他，這群自命清高的紐約人對演說不感興趣。而且，如果他不想令斯蒂爾曼、哈里曼和范德比爾特之流厭煩的話，最好説 15 至 20 分鐘的客套話，然後就此打住就行了。

即使當時坐在施瓦布右側以示對施瓦布尊重的約翰·皮爾龐特·摩根原本也只打算作短暫停留，給宴會助助興而已。就媒體和公眾興論來看，整個事件並無特殊之處，因此第二天，媒體上幾乎並沒有任何相關報導。

兩位主人和顯赫的賓客們像往常一樣用完了七八道菜。宴會期間人們很少交談，即使有話題大家也盡量控制着。因為沒有幾位銀行家和經紀人見過施瓦布。雖然他的事業已在莫諾加希拉河（Monongahela）沿岸蓬勃發展，但這裏沒有人了解他。然而，就在晚宴即將結束，包括摩根在內的眾位賓客們正準備抬腳走人時，一個價值 10 億美元的新生兒 ── 美國鋼鐵公司，正在母腹中呼之欲出。

也許這是歷史的不幸，因為當晚施瓦布在晚宴上的一席話竟毫無記載。後來有一天，他在芝加哥銀行家召開的一個類似會議上，重述了這次演講的部分內容。再後來，當政府因為鋼鐵托拉斯問題而提起訴訟時，他站在證人席

上又重複了類似的內容，也就是這番話，讓摩根迫不及待地在金融方面採取了一連串的行動。

不過，雖然他的話中交織着雋語與機智，但它只是一段「家常」話，而且還有些不合文法（施瓦布向來不願費心修飾辭藻）。但是，除此之外，這席談話對於那些據估計有50億美元身價的賓客們，卻有着一股如電流般強大的力量讓他們顫慄。他的發言結束之後，在場的人都沉迷於這番發言的魔力之下。雖然施瓦布已經滔滔不絕地談了90分鐘，摩根又把他秘密引至窗下，兩人坐在並不舒服的高腳椅上，雙腿垂懸，又談了一個小時。

施瓦布已經淋漓盡致地展現了其個人魅力，但更重要而且影響更深遠的，是他為美國鋼鐵公司的迅速發展制定的完整、清晰的計劃。其實，當時已經有很多人想吸引摩根，說服他在合併餅乾、電纜、糖、橡膠、威士忌、石油或口香糖等領域後，再快速合併一個鋼鐵信託公司。投機商約翰·蓋茨曾極力慫恿，但摩根不信任他。芝加哥的股票經紀人莫爾兄弟、比爾和吉姆，曾合併過一家火柴信託公司和一家餅乾公司，但在這件事上也遭到了失敗。虛偽的鄉村律師亞伯特·加里，也想促成這件事，但他的分量還不足以引人注意。最終，施瓦布的雄辯征服了摩根，讓他看到了最具風險的金融事業竟然有如此堅實基礎。這項計劃被人們視為金錢狂想者的癡人說夢。

早在上一代人的時候，吸引數千家小型或者經營不善的公司，合併為大型且具有壓倒性競爭力大型公司聯合體的金融魅力，就已經通過那位商業大盜，約翰·蓋茨的詭計，開始在鋼鐵業發揮作用。蓋茨已將一連串小公司合併

為美國鋼鐵與電纜公司。他還與摩根共同創建了聯邦鋼鐵公司，但是和以安德魯‧卡耐基為首，由 53 位合夥人擁有並經營的旗艦垂直托拉斯相比，其他那些合併的公司簡直是小巫見大巫。那些小公司可以盡情地合併，但即使如此，也只是小打小鬧，即使全部加在一起，它們也絲毫不能撼動卡耐基的勢力，對此摩根非常清楚。

這位古怪的老蘇格蘭人也知道這一點。他站在壯觀的斯基博古堡（Skibo Castle）高處，看着摩根的小公司躍躍欲試地想侵入自己的事業版圖，先是感到很有趣，後來變成了憎恨。當摩根的企圖變得昭然若揭時，卡耐基的內心充滿了憤怒和報復情緒。他決定複製對手擁有的每一家工廠。在此之前，他從未對電線、管道、電纜或板材有過任何興趣。他只滿足於把生鋼賣給那些公司，至於它們將原料製成甚麼樣的成品他就不管了。現在，有了施瓦布這位得力幹將，他打算將敵人徹底擊敗。

正是通過查理斯‧施瓦布的談話，摩根找到解決合併問題的答案。有人說，一個沒有卡耐基參與的信託公司，稱不上真正的信託公司，就像乾果布丁上缺少了乾果一樣。

施瓦布在 1900 年 12 月 12 日晚上的談話，毫無疑問傳達了一種暗示，至少也是一個建議，亦即龐大的卡耐基企業可以納入摩根旗下。他談到全世界未來對鋼鐵的需求，談到效率的重組，談到專業化，談到削減不景氣的工廠和集中發展繁榮產業，談到礦砂運輸的成本節約，談到管理和行政部門費用的節約，還談到搶佔海外市場。

除此之外，他還指出了在座的人當中一些商業海盜慣

常掠奪行為的錯誤所在。施瓦布推斷，他們的目的不外乎製造壟斷，哄抬價格，利用特權為自己牟取暴利。施瓦布強烈譴責了這種做法。他告訴聽眾，這種政策是短視的，因為，在一個市場急劇擴大的背景下的時代，它反而限制了市場的發展。施瓦布認為，通過降低鋼鐵成本，可以創造一個不斷擴充的市場；還應開發鋼鐵的多種用途，從而在世界貿易領域佔據更多份額。事實上，雖然施瓦布還沒有意識到，但他主張的正是現代的大規模生產。

大學俱樂部的晚宴就這樣結束了。摩根回到家中，思考着施瓦布提出的美好展望。施瓦布回到匹茲堡，為「卡耐基」經營鋼鐵業，加里和其他人則回去繼續守着他們的證券行情收發，盤算着下一個行動。

這段時間沒有等太久。摩根大約花了一個星期品味咀嚼施瓦布擺在他面前的大餐。當他確信結果不會對財務造成任何不良影響時，他派人去請施瓦布來 —— 結果發現那個年輕人非常靦腆。施瓦布表示，卡耐基先生如果發現他最信任的公司總裁曾和摩根眉來眼去，心裏可能不高興。因為卡耐基曾經下決心，永不踏上華爾街一步。然後，中間人約翰‧蓋茨提議，如果施瓦布「碰巧」在費城的百樂威酒店（Betlevue Hotel）的話，摩根可能也會「碰巧」出現在那裏。但是，施瓦布抵達酒店後，摩根卻不巧在紐約的家中臥病不起，於是經不住這位老人的一再邀請下，施瓦布來到了紐約，出現在這位金融家的書房。

現在，有些經濟史學家宣稱，他們認為，這齣戲從頭至尾，就是安德魯‧卡耐基一手策劃的 —— 邀請施瓦布赴宴並發表著名的談話，到週日夜晚施瓦布和金融大王的

會談，都是這位狡猾的蘇格蘭人安排好的劇情。然而事實正好相反。當施瓦布應邀完成這項交易時，他甚至不知道「小老闆」（他對安德魯的稱呼）是否肯聽對方的提議，尤其是賣給一群安德魯認為天生就不夠高尚的人。但施瓦布去商談時，的確帶著他親筆寫下的一些金額，那些數字代表在他心目中，每個鋼鐵公司的實際價值及獲利潛能。他把這些公司視為新金屬業星空中不可或缺的耀眼的明星。

4個人整夜推敲研究這些數字。為首的當然是摩根，他對金錢的神聖權利堅信不疑。陪同他的是他的貴族夥伴，羅伯特·培根，他是位學者，也是個紳士。第三位是約翰·蓋茨，摩根曾諷刺他是個投機商，任人擺佈的工具。第四位就是施瓦布。他對鋼鐵製造和銷售的了解，勝過當時的任何人。整個會議從頭到尾，匹茲堡的金額從未被質疑過。假如施瓦布說一家公司值多少錢，那它就只能值那麼多。他還堅持只併購自己指定的公司。按照他構想的合併，不應該有重複設置，即使是自己的朋友，想讓摩根實力雄厚的雙肩扛下他們的公司，他也不會同意的。日後，華爾街的商界精英們也只能對這些設計望洋興嘆了。

黎明時分，摩根站起來，伸了伸背。現在只剩下一個問題了。

「你認為你能說服安德魯·卡耐基賣掉他的公司嗎？」摩根問。

「我可以試一試。」施瓦布說。

「假如你能說服他出售，我會買下來的。」摩根說。

到目前為止，事情進展順利。但卡耐基願意出售嗎？他會要求出價多少（施瓦布認為大約是3.2億美元）？他

會接受何種付款方式？普通股還是優先股？債券？現金？沒有人能一下子募集到 3 億多現金。

1 月份，在西賈斯特的聖安德魯斯高爾夫球場霜凍的石南荒地上，施瓦布和安德魯打了一場高爾夫球。安德魯全身裹着毛衣，施瓦布和往常一樣，滔滔不絕地講話，以振奮精神。對於生意上的事，他們都隻字不提。直到兩個人來到附近的卡耐基農莊，坐在了溫暖舒適的小房間裏。施瓦布拿出在大學俱樂部令 80 位百萬富翁傾倒的說服力，把他的美好承諾和盤托出，包括舒適的退休生活和數不清的財富，以滿足老人的社交構想。卡耐基最終投降了。他在一張紙條上寫下一個數字，交給施瓦布說：「好，這就是我們要賣的價錢。」

這個數目大約是 4 億美元，是以施瓦布提出的 3.2 億美元為基礎，再加上預計未來兩年約 8000 萬美元的增值得出來的。

後來，在一艘橫渡大西洋的客輪甲板上，這位蘇格蘭人追悔莫及地對摩根說：「早知道當時應該向你多要一億美元就好了。」

「如果你提出來，你現在早就拿到手了。」摩根愉快地回答。

當然，此話一出，立刻引來一陣哄笑。一位英國記者報道說，外國的鋼鐵業被這個大規模併購「震驚了」。耶魯大學的校長哈德利則宣稱，如果不立即對信託公司的行為加以規範，在「未來 25 年內，華盛頓將會誕生一個皇帝」。但是，精明的股市操縱者基恩大力將新股推向了大眾，以致所有虛值 —— 有人估計約為 6 億美元 —— 一眨

眼間便被吸乾了。這樣，卡耐基得到了屬於自己的數百萬美元資金，摩根財團在「混亂」中獲得了 6200 萬美元的利益，而所有的「兄弟們」，從蓋茨到加里，也都得到數百萬的回報。

38 歲的施瓦布也獲得了他的那一份。他被任命為新公司的總裁，掌握着公司大權，一直到 1930 年。

財富始於意念

你剛讀完的這則大交易的故事，是個絕佳的例證，它展示了將欲望變為對等的客觀現實，也許有人會質疑這個說法。

但那個龐大的組織是在一個人的心裏誕生的。這個組織合併了其他鋼鐵廠，帶來了經濟穩定。這個計劃同樣誕生在這個人的心裏。他的信心、欲望、想像力、毅力，是成就美國鋼鐵公司的真正要素。在新公司合法成立後，它所獲得的鋼鐵工廠和機械設備，雖說是附帶的，但是經過仔細分析，就會發現一個事實：只將各廠合併而置於統一管理之下的這一項措施，就使公司收購的各廠的資產價值增長了約 6 億美元。

換句話説，查理斯·施瓦布的構想，加上他下決心把這一構想傳達給摩根及其他人的信心，贏得了大約 6 億美元的利潤。對於一個構想來説，這可是個不容小覷的數目！

我們並不關心這幾個人在交易中獲得的利潤是多少，但這個案例的特點在於：它生動地證明了本書描述的思想

觀點的正確性,因為這筆交易完全是建立一種思想基礎之上的。

美國鋼鐵公司飛迅發展,成為美國最富有、實力最強大的公司之一。它僱用了數千名員工,研發鋼鐵的新用途,開闢新興市場。這進一步證明,施瓦布的構想創造的6億美元利潤已經賺到了手。

財富真的始於意念!

限制財富數量的條件只有一個,那就是將想法付諸實施的人。信心則可以解除限制!當你準備向生活索取時,不論索取甚麼,請記住這一點,如果成功地做到這一點,你就可以以滿意的價格得到想要的東西。

成　功　人　士
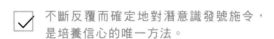

☑ 不斷反覆而確定地對潛意識發號施令，是培養信心的唯一方法。

☑ 意念與任何情感相結合，都會吸引大氣中其他類似或相關的意念。

☑ 下定決心拋棄一切逆境的影響，重建你的人生秩序。

Golden Rule

自我暗示

潛意識就像一片沃土，
如果在這裏沒有種上你想種植的合適農作物種子，
雜草就會在這裏肆意叢生。

The subconscious mind resembling a fertile garden spot,
in which weeds will grow in abundance,
if the seeds of more desirable crops are not sown therein.

成功的人：
把想法反覆植入到潛意識。

普通人：
以為片語隻言就能影響
潛意識。

致富第三步 ── 影響潛意識的媒介

所有的暗示和自行實施的刺激，通過五種感官而到達大腦，都可稱為「自我暗示」。換一種說法，自我暗示就是對自己的暗示。它是一種溝通的媒介，用來溝通產生意念的意識部分與產生行動的潛意識部分。

通過一個人的意識產生的主導意念（是消極的還是積極的並不重要），自我暗示的原則會自動將這些意念傳達給潛意識，並對它產生影響。

如果沒有自我暗示法則的幫助，任何想法都不可能進入潛意識，無論這種想法是積極的還是消極的。換言之，通過五種感官所有感覺，都會在碰到意識時停下來，然後，它們要麼被傳遞給潛意識，要麼被拒之門外，這個機率很難計數。因此，意識相當於大門外的門衛，控制着進入潛意識的內容。

造物主就是這樣創造了人，我們通過五種感官來控制到達潛意識的內容。但這並不意味着，我們隨時都能從容地應用這種控制力。相反，在大多數情況下，我們並沒有應用它，這也正是很多人終生貧窮的原因。

回顧起來，感覺潛意識就像一片沃土，如果在這裏沒有種上你想種植的合適農作物種子，雜草就會在這裏肆意叢生。自我暗示其實就是一種自我控制，通過它，個人可以根據意願在潛意識中，種下創造性的意念；也可能由於疏忽漠視，而任由一些破壞性意念放進這片心靈的沃土。

想像、體會金錢握在手中的感覺

在第二章「欲望」裏，我們講到六個步驟的最後一步，是每天把自己寫下的夢想大聲朗讀兩遍，大聲說出你對金錢的渴望，並且想像、體會金錢在握的感覺！按照這些指示，你就能以充分的自信，直接將欲望目標傳遞到潛意識。不斷重複這一過程，你就會自動形成化欲望為金錢對等物的意念習慣。

繼續讀下去之前，先回到「欲望」一章提到的六個步驟，再把它們仔細地讀一遍。然後（當你讀到時），再仔細閱讀第七章「精心策劃」中，教你組織「智囊團」的四項要求。把這兩項要求與自我暗示的內容相比較，你就會發現這些要求和應用自我暗示原則有關。

因此，請記住，大聲朗讀你的欲望時（你在努力通過朗讀培養自己的「金錢意識」），只乾巴巴地唸那些字是沒有結果的 —— 除非你在朗誦的時候，傾注了自己的情感或情緒。潛意識思維能辨認出情緒和情感融為一體的想法，而且只按這種想法去做。

這一點的確非常重要，所以有必要在幾乎每一章中都重複提到，因為大多數人正是缺乏對這一點的了解，所以在利用自我暗示原理的時候，達不到預期的效果。

平平淡淡、毫無感情的字句影響不了潛意識。如果不將充滿激情和信心的意念或有聲文字注入到潛意識，那麼你不會得到明顯的結果。

第一次嘗試時，如果無法成功地控制、支配你的情緒，也別洩氣。記住，天下沒有免費的午餐。你不能欺騙

自己，當然也許你很想這樣做。想獲得影響潛意識的能力，要付出一定的代價，那就是堅持不懈地應用此處提到的原則。付出微薄的代價，不可能得到你想獲得的能力。你，只有你，來決定你為之奮鬥的回報（即金錢意識），是否值得你付出這麼大的代價。

使用自我暗示原則的能力，在很大程度上取決於你是否專注於某個既定的欲望，直到你為它魂牽夢繞。

提高專注力

當你開始按照第二章「欲望」提到的六個步驟去做時，還有必要使用專注原則。

我們在此提出一些有效利用專注力的提示。當你開始實施六個步驟中的第一步時，也就是讓你「在心中確定你想得到的金錢準確數目」，這時，用專注力將意念集中在那個數目上，或者閉上雙眼以集中注意力，直到你能真切地看到那筆錢的樣子。每天至少重複練習一次。做這些練習的時候，按照第三章「信心」的要求，想像自己已經真正擁有了那些錢。

這裏有一個重要事實 —— **潛意識會接受任何在絕對自信狀態下傳達給它的指令**，並按照這些指令去做。當然這些指令經常需要通過反覆傳遞，一遍一遍地呈現出來，這樣潛意識才能接受。鑒於此，你可以考慮對潛意識玩個合理的「小把戲」。由於你自己深信不移，你可以使潛意識相信，你一定要擁有你所看到的那筆財富，相信這筆屬於你的財富在某個地方正等着你來認領。如此一來，潛意

識自然會拱手把具體的計劃送給你，以便於你去獲得屬於你的財富。

　　把上一段提出的思想傳達給你的想像力，看看你的想像力能作出甚麼反應，以便你制定出積累財富的可行計劃，實現你財富積累的欲望。

　　不要等計劃明確出現後，再根據計劃以提供服務或交換商品的方式，獲取想像中的財富，而是應該**立即看見自己已經擁有了這些財富，同時要求、期待潛意識提出一項或多項計劃**。密切注意這些計劃，等它們一出現，就立刻付諸行動。計劃出現時，可能會通過第六感，以「靈感」或直覺的形式「閃」入你的腦海。要重視它，它們既可能是無窮智慧的直接訊號，要在感受到它時，立即作出回應。

　　六項步驟的第四步，要求你「制定一個實現夢想的明確計劃，然後立刻開始執行」。此處，你同樣要遵循上一段所說的態度。在實現欲望的過程中，要制定出積累財富的計劃，不能相信你的「理智」。因為，你的理智有時會怠惰，如果完全依賴它，它可能會令你失望。

　　當你看到希望得到的財富時（閉着雙眼時），也同時試着看到自己正為得到這筆財富在提供服務，或賣出商品。這一點非常重要。

刺激潛意識的三個步驟

　　如果你決定遵從以下的指示，卻無視另一些，也不會獲得成功。要想結果滿意，必須滿懷信心。

現在，把「欲望」一章提到的與六個步驟相關的指示加以總結，再加上本章講述的原則，整理如下：

第一，找一個不會被干擾或打斷的安靜之所（最好是晚上躺在床上時），閉上雙眼，大聲朗誦你寫的那份聲明（這樣你才可能聽到自己的話），其中包括你想積累的金錢數量、時限以及為得到這筆錢，打算提供的服務或產品。履行這些指示時，要想像到自己已經實實在在擁有了這筆錢。

舉例來說：假設你打算在 5 年後的 1 月 1 日積累 10 萬美元，而且你打算先做一名銷售人員，通過個人服務以得到這筆錢。那麼，你的自我目標聲明應該這樣寫：

> 在 XX 年 1 月 1 日前，我將擁有 10 萬美元。在此期間，這些錢將在不同時間以不同的數額來到。
>
> 為得到這筆錢，我願盡我所能提供最有效的服務，作為一名銷售人員，提供盡可能多和最優質的服務（描述一下你打算提供的服務或商品）。
>
> 我相信我將得到這筆錢。我的信心十足，以至於現在眼前就可以看到這筆錢，我能用我的手觸摸得到。為了得到它，只要我提供及時優質的服務，它就會立刻轉化為同等比例的利益，一分也不會少。我在等待一個可以獲得這筆金錢的計劃，一旦計劃出現，我將立刻行動。

第二，每天早晚重複這一過程，直到你能看見（在想像中）自己想要獲得的金錢。

第三，將聲明抄一遍，放在早晚你都看得到的地方，並在每天睡覺前和起床後朗讀，直到記住為止。

記住，按照這些要求做的時候，你就是在應用自我暗示原則，以便向你的潛意識下達命令。還要記住，潛意識只會對情感化的指示和「用心」傳達的指示起作用。信心就是所有情感中最強烈、最具效果的一個。請遵循「03信心」一章中的要求來做。

這些要求看起來可能很抽象，但是，不要因此而受到干擾。無論一開始它們看起來多麼抽象或多麼不實際，只管按照要求去做就是。假如你不僅是在精神上，而且在行動上，都能按照指示去做的話，那麼一個全新、任你馳騁的世界就會呈現在眼前。

智慧的奧秘

對所有的新觀念持懷疑態度，是人類的天性。但是，如果遵循上述指示，你的懷疑將很快被信念所取代，而且接下來很快會轉化為信心。總有一天，你會發現自己的內心說「我是自己命運的主宰，是自己靈魂的舵手。」

很多哲學家曾說過，人是自己命運的主宰者，但大多數沒有說明為甚麼人是自己命運的主宰。本章透徹地說明了人之所以能主宰自己的人生定位，尤其是經濟地位的原因。**人可以成為自己的主宰，成為自己所在環境的主宰，是因為人具有影響自己潛意識的力量**，並通過它來與無窮智慧合作。

將欲望轉化為金錢的實際過程中，會涉及自我暗示原

則的應用。自我暗示是一種媒介，通過它可以觸及並影響潛意識。其他原則只不過是運用自我暗示原則的工具。牢記這一點，不論何時你都能注意到，在你運用本書中的方法努力積累財富時，自我暗示原則始終都起着最重要的作用。

　　讀完本書後，再回到這一章，用心靈和實際行動來遵循以下的指示：

　　每天晚上大聲朗讀這一整章，直到你完全相信「自我暗示」原理是完全可靠的，並且深信它會幫助你實現你想得到的一切。朗讀的時候，在每個對你有幫助的重要句子下面用鉛筆畫線強調。

　　嚴格地遵照以上指示，你就能打開成功的大門。

成　功　人　士

checklist

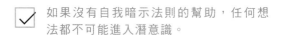

如果沒有自我暗示法則的幫助，任何想法都不可能進入潛意識。

人可以成為自己的主宰，是因為人具有影響自己潛意識的力量。

專業知識

只有將知識組織起來，並通過切實可行的行動計劃，
巧妙地向積累財富的目的邁進，
知識才具有吸納財富的力量。

Any man is educated who knows where to get knowledge when
he needs it, and how to organize that knowledge into definite
plans of action.

普通人：
我又要上班養家又要照顧
孩子，實在沒空閒去進修。

成功的人：
我必需獲得知識，
去滿足成功的條件。

個人的經驗與觀察 —— 致富第四步

知識有兩種，一種是普通知識，另一種是專業知識。無論普通知識有多麼豐富或廣博，對於積累財富並無多少幫助。著名大學的各個科系教職員工，應該說擁有了人類文明史上的各種普通知識，但多數大學教授並沒有多少錢。他們擅長傳授知識，而非組織或運用知識。

只有將知識組織起來，並通過切實可行的行動計劃，巧妙地向積累財富的目的邁進，知識才具有吸納財富的力量。正是因為缺乏對這一事實的認識，人們才錯誤地相信「知識就是力量」。其實根本不是這樣，**知識只是潛在的力量**。只有將它跟明確的行動計劃和明確的目標相結合起來，知識才能成為力量，才能發揮作用。

教育機構無法成功地教導學生組織和運用知識，這是所有教育制度的脫節之處，其「缺陷」由此可見一斑。

很多人錯誤地認為，因為亨利·福特只受過很少「學校教育」，他就一定是個沒有「教育」的人。犯這種錯誤的人沒有理解「教育」一詞的真正含義。這個詞來自拉丁語「educo」，意思是由內向外推演、利用和發展。

受過教育的人不一定擁有豐富的普通知識或專業知識。一個受過教育的人，他的心智應該得到了充分拓展，他能在不侵犯他人權利的情況下，獲得自己想要的東西。

發財致富的「無知」者

第一次世界大戰期間，芝加哥有份報紙在社論中稱

亨利‧福特為「無知的和平主義者」。福特先生對此言論表示抗議，並控告該報紙損害了他的名聲。當案子在法庭上審判時，報社律師請求辯護，並讓福特本人走上了證人席，以向陪審團證明福特的無知。律師問了福特一大堆各式各樣的問題，所有問題旨在證明，雖然福特可能具有相當豐富關於汽車製造的專業知識，但就整體而言，他卻是無知的。

福特當時受到了諸如以下問題的刁難：

「本尼迪科特‧阿諾德[1]是誰？」以及「1776年，英國派遣多少士兵到美洲平息叛亂？」回答後一個問題時，福特先生說：「我的確不知道英國到底派了多少士兵，但我聽說，這個數目要比平安歸來的數目大得多。」

最後，福特對這種提問方式煩透了。在回答一個極具攻擊性的問題時，他身子向前一傾，用手指着發問的律師說：「如果我真想回答你剛剛提出的這個愚蠢問題，或剛才你問我的其他問題，那麼我告訴你，我的辦公桌上有一排電動按鈕，只要按下一個按鈕，我立刻能找來助理人員協助我，讓他們回答我提出的任何有關我事業上的問題。現在，能否請你友好地告訴我，當我身邊隨時有人能提供我所需的任何知識時，我為何要在腦子裏塞滿一堆普通知識，專門用來回答這些問題？」

這的確是個滴水不漏的回答。

1　美國獨立日戰爭期間，美方唯一的叛將。——譯者註

　　這個回答一下子難住了律師。法庭上的所有人一致認為，做此回答的人，絕不是一個無知之輩，而是一位有識之士。**真正有學問的人，知道在需要時，應該從哪裏獲取知識，也知道如何把知識組織起來，形成明確的行動計劃。**依靠「智囊團」的幫助，亨利‧福特隨時掌握他所需的任何專業知識，並使他成為美國最富有的人之一。他本人根本沒有必要親自將這些知識都裝在腦子裏。

你能得到自己需要的任何知識

　　確信自己有能力把欲望變成金錢等價物之前，你需要獲得有關某種服務、商品或職業等方面的專業知識，這樣才能用知識獲取財富。或許你所需要的專業知識，遠遠超出了你的能力或意向。如果是這樣，**可以通過你的「智囊團」，來彌補自身的不足。**

　　積累大筆財富需要能力，而能力來自於對專業知識的嚴密組織與合理運用，但是**致力於積累財富的人，不一定非要具備專業知識。**

　　安德魯‧卡耐基曾經說，從個人角度講，他對鋼鐵產業的技術目前一無所有，他本人也不在乎要到底要不要掌握一些相關知識。他發現，鋼鐵生產和銷售所需的專業知識，可以通過「智囊團」中各個單位獲得。

　　有些人本身並未受過必要的專業「教育」，無法提供自身所需的專業知識，但他們卻有發財致富的宏圖壯志。對這些人來說，上一段文字可以給他們帶來希望和鼓舞。有些人因為沒有受過「教育」而終身自卑。其實，如

果一個人懂得組織、領導一個掌握致富專業知識的「智囊團」，那麼他本人就和這個群體中的任何一員同樣有知識。請記住：**如果你總覺得自己低人一等，並為此苦惱，那可能並不是你接受的教育所限。**

湯瑪斯・愛迪生一生只上過三個月的學，但他可不是沒有知識，他更沒有死於貧困。

亨利・福特在學校還沒上到六年級，他卻通過自己努力，在經濟上取得了驚人的成績。

專業知識是可以獲得的最豐富、最廉價的服務形式！如果不相信，可以查閱任何一所大學的工資單。

了解獲取知識的途徑

首先，要明確你所需的專業知識是甚麼以及需要它幹甚麼。要知道，你人生的主要目的，你為之奮鬥的目標，會說明你確定你需要甚麼樣的知識。解決了這個問題之後，下一步就要求你準確了解知識的可靠來源。其中非常重要的來源包括：

1. 自己的經驗和受教育情況。

2. 通過與他人得到的經驗和知識。

3. 高等院校。

4. 公共圖書館（在書本和刊物上可以找到人類文明積澱的知識）。

5. 專業培訓課程（尤其是通過夜校和函授）。

獲取知識的時候，必須為了某個明確目標、通過某個切實可行計劃，將知識組織起來、加以利用。**如果不是為**

了某個有意義的目的而獲取知識，那麼知識本身毫無價值可言，這也是大學畢業生為何不能確保職業生涯成功的原因所在。

如果你想進一步學習，首先要確定獲取知識的目的，然後了解從何處，從甚麼可靠的地方能得到這種知識。

各行各業的成功人士，總是不停地獲取與他們的主要志向、業務或專業相關的知識。那些未能取得成功的人，往往錯誤地認為，離開學校後，獲取知識的階段也就可以停止了。其實，學校教育只是為未來獲取實用知識作了鋪墊而已。

今天的社會追求專業化。哥倫比亞大學就業中心前任主任羅伯特‧P‧莫爾，在一則新聞報導中強調了這一事實。

最需要的是專才

用人公司尤其需要那些在某一領域有專長的人才──受過會計學和統計學培訓的商學院畢業生、各類工程師、新聞記者、建築師、化學家，以及優秀的領導者和具有活動能力的高級人才。

那些積極參加學校活動、為人隨和、交友廣泛、積極進取的學生，與那些讀死書的學生相比，有着絕對優勢。由於能力全面，他們中有些人已經得到了好幾個職位選擇，有的甚至多達 6 個職位供選擇。

一家大型實業公司的領導者在給莫爾先生的信中，談了未來的大學畢業生問題。他說：

「我們的主要興趣,是尋找那些在管理上有突出能力的人才。因此,我們看重的是個性、智力和人格質素,而不是特定的教育背景。」

建議設立「實習制度」

莫爾先生建議設立一種「實習制度」,讓學生在暑假到辦公室、商店和各個領域去實習。他認為,經過兩三年大學學習後,要求每個學生應該「選擇一門面向未來的課程,而不是讓學生在非專業課程的學習中隨波逐流。」

他說:「高等院校必須面對這樣一個事實,即各行各業現在需要的都是專門人才。」他督促教育機構直接承擔職業指導的責任。

從事任何職業都不一定非得有大學學歷。你可以採取其它培訓方式提高自己。許多中學都開設多樣化的課程,傳授各個領域的業務技能。很多大學都為那些想獲取某種專業知識的人提供繼續教育的機會。有些院校還有資格認證課,那些掌握了一定專業知識的人,能參加學習新課程。這些課程通常在晚上或週末上課,參加的對象往往是成年人而不是大學生。

對那些需要接受學校專業教育的人來說,最可靠、最可行的求知途徑是多數城市中開設的夜校。全美只要郵件能送達的地方,都設有提供專業培訓的函授學校,課程能覆蓋進行函授教學的所有科目。函授學習的一大優勢是它的靈活性,學生可以在業餘時間學習。另一個優勢(如果學校精心安排)是,函授學校大多提供個別諮詢便利,這

對那些需要專門知識的人來說有着十分重要的意義。無論你住在何處，都可以從中受益。

收款的教訓

任何不經過努力、不付出代價就得到的東西，不能給人帶來榮譽感，得到了也不會珍惜；也許正是因為這個原因，我們才在公立學校的大好機會中收效甚微。而在專業學習的過程中，一個人可以得到自律，在某種程度上彌補在免費獲得知識的時候浪費機會。函授學校是組織有序的商業機構。它們的學費低廉，所以它們堅持要求及時繳費。在繳費的限制下，學生不論成績優劣，都會讀完全部課程，否則有些學生可能會中途輟學。函授學校從不過多強調這一點，因為培訓部門在決策、速度和善始善終的習慣上，為學生作出了最好的培訓典範。

45 年前，我親身體會到了這一點。當時，我申請了一項在家學習的廣告函授課程。上完 8 次還是 10 次課之後，我停止了學習，但學校還是不斷地給我寄來帳單。不管我是否繼續學習下去，學校堅持讓我繳完學費。我想，如果必須繳費（從法律上說，我必須這樣做），我就應該完成這份學業，以對得起我花的錢。當時我覺得，學校的收款制度組織得真是太嚴密了，但我在以後的生活中認識到，那是我享受的最有價值的培訓。因為必須繳費，我繼續完成了課程。後來我在生活中發現，那個學校的高效收款制度如果用錢這種形式來衡量的話，它的價值是不可估量的。

專業知識之路

　　美國擁有據説是世界上最先進的公立學校制度。**人類有一個奇怪的特性，他們只珍惜那些需要付費的東西。**美國的免費學校和免費圖書館並不吸引人，因為它們是免費的。這也是許多人畢業工作後認為有必要再接受培訓的主要原因。這也是許多僱主支持僱員進行函授學習的主要原因。根據經驗，他們知道，任何一個願意犧牲業餘時間繼續學習的人，他的身上通常具備做領導者的質素。

　　那些不想繼續學習新知識的人有一個共同弱點，就是不思進取！那些利用業餘時間繼續學習的人，尤其是那些靠薪水生活的人，很少會滿足於久居人下。他們用行動為自己開闢了一條晉升之路，清除了前進道路上的障礙，贏得了能夠給予他們機會的人的青睞。

　　函授培訓方法尤其適合那些有工作的人。因為離開學校後，他們急需補充專業知識，但又無暇重返學校學習。

　　斯圖亞特‧奧斯丁‧威爾原來的專業是建築工程，他也一直從事着這個職業，在大蕭條時期，這一市場受到限制，他無法再依靠此工作獲取收入。他分析了自身條件後，決定改行從事法律工作。他重新回到學校，接受專業學習，獲得了做一名企業律師的資格。他完成了學習，通過了律師資格考試，很快開設了收入豐厚的律師事務所。

　　也許有人會説：「我無法回到學校繼續學習，因為我要養家糊口」，或者「我年齡太大了」。那麼在此我可以再提供一些資訊，威爾先生重回學校時，已經過了不惑之年，也要養家糊口。此外，由於威爾先生在各大學選擇講

授的科目中挑選了高度專業化的課程，所以他在 2 年內就
完成了大部分法律專業學生 4 年才能完成的學業。所以，
掌握獲取知識的途徑，意義重大。

創造財富的簡單構想

讓我們分析一個具體實例。

大蕭條時期，一個雜貨舖的售貨員由於人員精簡而
被解僱了。由於有些記帳經驗，他便學習了專門記帳的課
程，掌握了最新的記帳和辦公知識。在當時就業機會奇缺
的情況下，他決定自己開始經營生意。他從以前僱用他的
那個雜貨商店做起，後來又和 100 多位小商人簽訂合同，
每月以極低的費用為他們記帳。這一構想非常實用，他很
快發現有必要在輕型貨車上開設一間流動辦公室，他還在
這間辦公室裏裝配了現代記帳設備。現在他有一大排「車
輪」上的辦公隊伍，還僱用了大量助手，讓那些小商人用
最少的錢獲得了最佳記帳服務。

專業知識，加上想像力，是這個獨特的事業能夠致勝
的要素。去年，這位業主上繳的收入所得稅，是當年被解
僱時薪酬的 10 倍。

這個成功業務的起點只是一個構想！

由於我有幸給這位失業的售貨員提供了那個構想，
現在我有幸再提出一個構想，一旦實現，不但會創造更大
收入，也可能給數千名迫切需要該項服務的人提供實用的
服務。

這個想法是：不要再搞流動記帳業務，自己創業，

用此特長推銷自己。提出這個計劃時，這位售貨員脫口而出：「我喜歡這個想法，但不知道怎麼把它變成現金。」換言之，有了這個構想後，他不知道如何推銷自己的記帳知識。

這樣，就帶來了另一個必須解決的問題。在一位年輕打字姑娘的幫助下，他整理了自己的構想，做出了一本引人注目的小冊子，介紹了新記帳系統的優點。每一頁紙都列印得清晰整齊，貼在一個普通的剪貼簿內。它就像一個無聲的促銷員，有效地介紹了這項新業務各方面的內容，結果使它的主人一下子贏得了許多應接不暇的記帳業務。

尋找理想工作的真經

美國有數千人需要推銷專家的服務，這些專家在推銷個人服務時，能提供一份極具誘惑力的宣傳手冊，以便將個人服務推向市場。

以下要介紹的構想源自一個現實的緊急需要，但它最終並沒有停留在只為一個人服務上。創造這一構想的女人具有非常敏銳的想像力。她產生了建立一個新生職業的構想，那就是為成千上萬推銷個人服務的人提供有價值的實用指導。

由於第一個「推銷個人服務準備計劃」取得了立竿見影的效果，這位精力充沛的女人大受鼓舞，轉而開始為自己的兒子解決類似問題。她的兒子剛剛大學畢業，但苦於無處推銷自己的服務。她為兒子制定的計劃，在我所見過的個人推銷服務計劃中，是最為出色的範例。

這本計劃手冊完成後，共有 50 頁列印精美、組織得當的內容，介紹了她兒子的天賦才能、教育程度、個人經歷以及各種各樣的其他資訊。這份計劃手冊中還全面介紹了她兒子渴望得到的職位，並生動詳細地勾畫出為勝任這一職位而制定的確切計劃。

這本手冊的完成歷時幾週。在此期間，她幾乎每天都讓兒子到公共圖書館，查找能有效推銷個人服務的具體資料。她還讓兒子到未來僱主的競爭對手那裏，收集有關他們經營方式的相關資料，這對於勝任未來理想職位的計劃非常有用。計劃完成後，裏面提出了七八項符合未來僱主利益的好建議。

未必從最底層開始做起

你也許會問：「找一份工作為甚麼要這麼麻煩？」對這個問題的回答，涉及到千萬個將以個人服務為收入來源的人的利益。

答案是：**把一件事情做好就不能怕麻煩！**那位女士為了兒子的利益所做的計劃，幫他在第一次面試時，就按照他既定的薪水找到了理想的工作。

此外，還有一點非常重要 —— 這個職位並沒要求他從最底層開始做起。一開始，他就擔任初級主管之職，領主管級薪水。

「為甚麼要這麼麻煩？」

有一個原因就是，這個年輕人求職時體現出來的策劃能力和毅力，為他節約了至少 10 年時間，否則他就要

「從最底層開始做起,那至少需要多幹 10 年」。

　　從最底層開始做起,然後慢慢往上爬的想法,聽起來很有道理。之所以要反對這種想法,主要是因為無數從底層開始做起的人永遠沒有嶄露頭角的機會,他們始終待在最底層。還應該記住,從最底層看問題,往往會感到前途暗淡,令人沮喪。它會扼殺一個人的雄心有餘。我們稱之為「聽天由命」,意思是認命,因為我們形成了日常習慣,而且這些習慣根深蒂固,使我們不再想努力擺脫它、拋棄它。這就是有必要跨越一兩個級別起步會更好的另一個原因。起點若高一點,你就形成了關注身邊事情的習慣,觀察他人如何進步,發現機會,並且毫不猶豫地抓住機會。

讓不滿成為動力

　　丹・賀爾平是一個絕佳的例子。大學時期,他是 1930 年著名的全國欖球冠軍隊聖母隊的經理,當時執教球隊的是已故的紐特・洛克尼,他一直鼓勵賀爾平要心懷大志,不要屈服於暫時的困難。賀爾平大學畢業時,正是一個很不景氣的時期,經濟大蕭條使工作非常難找。因此,在銀行業和電影業虛了一段時光後,他找到了一份短期內不會改變、比較有前途的工作 —— 以抽取佣金的方式推銷電子助聽器。賀爾平知道,任何人都可以從這種工作開始幹起,但對他來說,這份工作已足夠為他打開機會的大門。

　　這份工作他差不多幹了兩年,但並不滿足,如果他對

這種不滿不採取任何措施的話，他永遠也不可能超越這份工作。首先，他瞄準了公司銷售經理助理的職位，並且通過努力如願以償。跨出那一步後，他比一般人更有優勢，因而能夠看到更大的機會。而且，這個職位也讓機遇看到了他。

賀爾平在銷售助聽器的業務上取得了輝煌業績，致使他目前所在公司的對手，Dictograph 公司的董事長安德魯斯很想了解賀爾平，他想知道賀爾平是怎樣從這個歷史悠久的大公司搶走大筆業務的。他把賀爾平請來，並與之會談，之後賀爾平成了該公司助聽器部門的新任銷售經理。然後，為了考驗賀爾賓的能力，安德魯斯離開公司到佛羅里達待了 3 個月，將賀爾平留在公司，看他能否獨自挑大樑。結果他沒有倒下去！紐特・洛克尼那種不服輸的精神激勵他全力以赴地投入到工作中，後來他被推選為公司副總裁。這個職位是多數人不辭勞苦地工作 10 多年才能贏得的榮耀，而賀爾平卻在短短 6 個月內輕鬆實現了這個目標。

通過這整個故事，我想強調的重點是，不論一個人是升至高位，還是屈居低職，都取決於他對環境的控制能力，只有渴望控制環境，才能登上事業的頂峰。

我還要強調另一點，**不管成功與失敗，在很大程度上都是「習慣」的產物**！我相信，丹・賀爾平和美國歷史上最偉大的橄欖球教練努特之間的密切關係，在他心中深植了一種求勝欲望，因為聖母橄欖球隊取得舉世聞名的成績時，依靠的也是這種強烈的求勝欲望，兩者如出一轍。的確，英雄崇拜能使人進步，如果我們崇拜的人是勝利者的話。

　　我認為，無論是成功還是失敗，與同事之間的相處都是一個非常重要的因素。在我的兒子布雷爾與丹‧賀爾平磋商職位時，我對這一理論有了更加清晰的理解。賀爾平先生給他的起薪只是另一家對手公司的一半。我向布雷爾施以父親的壓力，並勸導他接受與賀爾賓先生共事的機會，因為我相信，和一個不向逆境妥協的人共事，密切接觸，是一項永遠也無法用金錢衡量的資產。

　　低層職位對任何人來說，都是單調、沉悶、無利可圖的。所以我才一再強調，要靠周密規劃，避免從底層幹起。

利用專業知識實現構想

　　在經濟蕭條、就業機會奇缺的情況下，有人需要創造出更好的方式推銷個人服務。很難說清為甚麼之前沒有人發現這個巨大的需求。

　　也許有人發現，這個想法可以實現某些人致富的渴望。有些想法一開始並不驚人，但能變得強大，帶來巨額財富。比如說，伍爾沃茲的 5 分錢和 10 分錢店本來毫不起眼，卻為他的店舖創始人積累了大量的財富。

　　許多人可能從這一提示中看到了潛在的機遇，他們將在第七章「精心策劃」中找到幫助。善於為別人推銷個人服務的商人，隨時都能發現生活中增長的需求，只要這些地方有人為自己的勞務或服務尋求更好的市場。通過智囊團原理，幾個天賦適中的人就能夠結成一個聯盟，並很快開辦了一項有酬業務。比如，讓一個宣傳、推銷能力突出

的人擔任寫手，另一個人負責推廣，讓全世界都知道要提供這項服務。如果某個人具備所有這些才能，甚至可以一個人把這些工作全部搞定，直到業務量過大，一個人忙不過為止。

為兒子準備「個人服務推銷計劃」的那位女士，現在收到了來自全國各地的委託，請她說明那些渴望推銷個人服務，以賺取更多錢的人準備類似計劃。她最終決定招幾位專業員工，並親任主管，員工中有各類人才，這些人能夠有效對個人簡歷進行一番加工，更好地推向市場。如果對自己的能力非常信任，由於幫客戶掙錢越來越多，她甚至接受了對方按百分比成成的要求。

不要以為她的計劃純粹是巧妙的推銷術，她不只是憑藉這些計劃，幫助人們付出與以往相同勞動，但獲取更多的報酬。事實上，她同時兼顧了個人服務買方與賣方的利益，而且計劃是按照這一目標擬訂的，因此僱主得到的人才對得起他支付的薪酬。

如果你富有想像力，而且想為自己的個人服務尋求更有利可圖的出路，那麼這個提示或許正是你一直尋找的激勵。這個構想帶來的巨額收入，甚至可能高於那些接受過幾年大學教育的「一般」醫生、律師或工程師的收入。

一個好的構想具有不可估量的價值。

任何構想的背後支柱，都有專業知識作支撐。遺憾的是，那些眼前沒有看到大量財富的人，擁有更多專業知識，卻欠缺創業的好構想。正是由於這一事實，說明人們順利出售個人服務的人，有了普遍的需求，而且這一需求仍在不斷增長。能力意味着想像力，它能使專業知識與創

業構想相結合，形成合理的計劃，從而獲得財富。

如果你富有想像力，那麼這一章介紹的構想，可能足以作為你追求渴望之財富的完美起點。記住，**專業知識易得，而創新構想難求！**

成 功 人 士

☑ 知識只是潛在的力量。

☑ 致力於積累財富的人，不一定要具備專業知識。

☑ 如果你總覺得自己低人一等，那可能並不是受教育程度所限。

☑ 如果不是為了某個有意義的目的而獲取知識，那麼知識本身毫無價值可言。

☑ 專業知識易得，創新構想難求！

Golden Rule

想像力

**無論是綜合型想像力，
還是創造型想像力，都是越用越靈敏，
長期的懈怠和懶散則會削弱這一能力。**
The creative faculty becomes more alert,
more receptive to vibrations from the sources mentioned,
in proportion to its development through use.

普通人：
我雖有意念，但需要實行的
資金太多了⋯⋯

成功的人：
我可以為自己的創造力爭取
合理價錢！

致富第五步 —— 智慧的工廠

想像力其實就像個工廠，一切計劃，都是從這裏創造出來的。借助想像力，欲望的衝動得以成形、塑造並被付諸行動。

人們常說，沒有想不到，只有做不到。

這是一個迅猛發展的時代，也是一個急需想像力的時代。

借助想像力，人類在過去 50 年間發現和駕馭的自然力量，超過了此前全部人類歷史時期的總和。例如，人類已經征服了天空，鳥類的飛行本領根本無法與之媲美。我們充分利用了大氣，使它成為我們與世界各地即時通信的手段。人類還在數百萬英里之外，分析並測量了太陽的重量，並且通過想像力，測定出太陽的組成成分。另外，人類還提高了移動速度，現在能以 600 英里以上的時速旅行。即使我們做到了想做的一切，仍未發揮出全部的想像力。

可以説，人類唯一的局限，就在於對想像力的開發與使用。人類想像力的開發與使用還大有潛力。可以説，人類只是發現了自己的想像力，只是以其最基本的方式來應用它而已。

兩種想像力

想像力可以分為兩種形式。一種是「綜合型想像力」，另一種是「創造型想像力」。

　　綜合型想像力：通過這種能力，人可以把舊有的觀念、構想或計劃重新組合，推陳出新。這項能力沒有創造新東西，它只是將已有的經驗、教育和觀察作為材料進行加工。它是發明家最常使用的能力，但其中也有一些例外的「天才」，當綜合型想像力無法解決問題時，他們就會用到創造型想像力。

　　創造型想像力：通過創造型想像，人類有限的智慧可以無限拓展。「預感」和「靈感」就是通過這種能力獲得的。所有的基本構想或新思想也正是通過這種能力產生的。

　　創造型想像力會自動發揮作用，其發揮作用的方式將在下一章內介紹。這種能力只有在潛意識高速運轉的情況下，才會發生作用，比如用「強烈欲望」刺激意識的時候。

　　創造力在使用過程中越得到開發，它就越敏銳。無論是綜合型想像力，還是創造型想像力，都是越用越靈敏，長期的懈怠和懶散則會削弱這一能力。然而，它不會消失。不運用想像力，只會讓它處於潛伏狀態。

　　商界、工業界和金融界的偉大領導人物，以及藝術家、詩人和作家之所以偉大，正是因為他們開發了創造型想像力的作用。

　　欲望只是一種意念，一種衝動，模糊而且短暫。在轉變為實質對等物以前，它是抽象的，沒有任何價值。在將欲望轉化為金錢的過程中，綜合型想像力是最常被使用的，但必須記住，你也會面臨需要創造型想像力的情況和環境。

訓練想像力

你的想像力可能因為懈怠而變得遲鈍，但也會因為持續使用而變得更加活躍、敏銳。這種能力因為被閒置而可能沉寂下來，但它不會消逝。

先把注意力放在發展綜合型想像力上，因為這是化欲望為金錢的過程中比較常用的能力。

把看不見、摸不着的欲望衝動轉化為實際、具體的事實、金錢，需要制定一個或多個計劃。這些計劃的形成必須憑藉想像力，主要依靠的是綜合型想像力。

讀完整本書後，再回到這一章，立刻開始運用想像力，形成一個或多個計劃，以便將欲望變為財富。制定計劃的具體要求，幾乎在每一章中都有描述。然後，馬上採取行動去執行最適合你自身需要的指示，並將計劃寫成文字（假如你還沒有做到這一點的話）。寫完後，你就賦予模糊的欲望以具體的模樣了。將前面這個句子再讀一遍。大聲而且緩慢地唸出來。記住，在將欲望和實現欲望的計劃寫成文字時，實際上你已經在一系列將意念化為其對等物的步驟中，走出了重要的第一步。

致富法則

你生活的世界、你自己和地球上的每種物質，都是演變進化的結果。在進化過程中，細微的物質按照井然有序的方式組織和排列起來。

還有一點，而且是更重要的一點，整個地球，或人類

身上數十億細胞中的每一個細胞以及組成物質的原子，皆始於一種無形的能量。

欲望是一種意念衝動！意念衝動就是一種能量的表現形式。當你開始有渴望，想去聚積財富時，你就是在利用一種「物質」，這種物質和大自然創造出地球及宇宙萬物，包括使你產生意念衝動的身體和頭腦，所用的物質都是相同的。

目前來看，宇宙由兩種元素組成：一種是物質，另一種是能量。將能量和物質結合起來，就創造了世上可感知的一切事物。大到懸浮於夜空中的最大星星，小到我們人類，都是這種結合的產物。

你現在接受了一項通過上天掙錢的任務。你要竭盡所能將欲望轉化為對等的客觀物質，讓自己適應自然法則。我們希望你能成功，你一定會做到的。

運用永恆不變的法則，可以創造財富。但是，首先必須熟悉並學會使用這些原則。作者希望通過不斷重複，從各個可能的角度，盡可能完善描述積累巨額財富共同使用的秘訣。儘管看起來奇特而且荒謬，這個「秘訣」卻不是甚麼秘密。大自然本身就昭示了這個真理。在我們居住的地球上，天上的星座，天空中目力所及的行星和恒星，我們身外的物質元素，每一片葉子以及舉目所見的每一種生命形式，無一不顯現了這一奧秘。

以下的原理將拓展你對想像力的理解。第一次讀到這一原理時，它會融入你以前的認知，然後，再次閱讀並且分析它時，你會發現自己的思路更清晰了，而且也更能全面地理解它。最重要的是，在你閱讀這些原理時，不要停

下來，也不要猶豫不決，直到將此書至少讀過三遍以後，那時你就不想再停下來了。

如何實際運用想像力

構想是所有財富的起點，構想也是想像力的產物。讓我們一起看幾個帶來巨額財富的眾所周知的想法，希望這些例子能傳達一些明確資訊，教給我們使用想像力積累財富的方法。

魔法壺

50 年前，一個年邁的鄉村醫生駕着馬車，來到鎮上。拴好馬後，他從後門悄悄地溜進一間藥房，開始和年輕的藥店僱員「交易」。

老醫生和僱員在配藥櫃枱後面，低聲地談了一個多小時。然後，醫生出了門，跑到馬車旁，拿回一個老式大茶壺和一把木製的大勺子（攪拌壺內的東西用的），放在藥店後面。

藥店職員檢查過茶壺後，把手伸進口袋，緩緩掏出一卷鈔票交給醫生。那卷鈔票是整整 500 美元 —— 是這個僱員的全部積蓄。

醫生交給他一張紙條，上面寫着一則秘方。紙上的文字價值連城！但對醫生卻不值分文！那些神奇的文字是用來使茶壺沸騰的，但醫生和年輕僱員當時都不知道，從這個壺裏註定要流淌出甚麼驚人的財富來。

　　老醫生很樂意以 500 美元的價錢出售那一套設備，這筆錢足夠他還清債務，做其他想做的事。催員則甘冒巨大風險將畢生所有的積蓄押注在一張小紙片和一個老茶壺！他做夢也沒想過，他的投資會使一個老茶壺生出黃金，這種神奇的效果比阿拉丁的神燈還讓人難以置信。

　　應該說，職員真正買到的是一個構想。

　　老茶壺、木勺和紙上的秘密資訊都是偶然的。茶壺新主人在秘方中加入了一種老醫生全然不知的成分後，奇跡發生了。

　　看看你能否發現，年輕人究竟在那個秘密資訊裏面添加了甚麼東西，從而使得茶壺滿溢出黃金來。雖然這個故事聽起來比虛構的還要神奇，但這是個始於構想的真實故事。

　　讓我們看看這個構想帶來的驚人財富。世界各地都在把茶壺內所裝的東西提供給數百萬人消費，它過去很值錢，現在依然如此。

　　這隻老茶壺所裝的東西，現在成了全世界最大的耗糖消費者之一，因而給那些從事甘蔗種植、提煉和成千上萬銷售相關甘蔗產品的人以永久的職業。

　　這隻老茶壺每年消費數以百萬計的玻璃瓶，為數不清的玻璃工人提供了就業機會。

　　老茶壺還給美國數目龐大的店員、速記員、廣告撰稿人以及廣告專家提供了工作。幾十位藝術家創造出精美的圖片，來描繪產品特性，也因而名利雙收。

老茶壺使美國一個南方小城，搖身一變而成為南部的商業之都，如今，這個城市的各行各業，以及每一位居民都是它的受益者。

現在，這一構想的影響力惠及全世界各文明國家，它源源不絕地流淌出財富，送給那些接觸到它的人。

老茶壺流出的財富成立並維持了一所學院，它是美國南部地區最著名的學院之一，有數千位年輕學子在那裏接受成功必備的培訓。

這個舊水壺還創造了許多其他奇跡。

儘管在 20 世紀 40 年代整個大蕭條期間，工廠、銀行和商店紛紛倒閉，數千名工人失業，但是這個魔壺的主人卻高歌猛進，為全世界一支龐大的勞動大軍提供了連續就業機會，並為那些很早就堅信這一想法的人付出額外的財富回報。

如果那隻老銅壺裏的東西會說話，它一定會以各種語言說出令人興奮的浪漫傳奇，諸如愛情羅曼史、商業傳奇以及每天受到它激勵的職場男女的不凡故事等。

作者至少確切地知道其中的一則羅曼史，因為作者就是故事的主角之一，而故事就發生在離藥店僱員購買老茶壺的地址不遠處。作者正是在那裏遇到了他的人生伴侶，也正是從她口中第一次聽到了神奇茶壺的故事。當作者向她求婚，請求與她「白頭偕老」時，他們喝的就是那只老茶壺中的產品。

無論你是誰，身在何處，從事甚麼工作，每當看到「可口可樂」這幾個字的時候，請記住，這個財富無比、影響力強大的帝國，就產生於一個構想；還有，那個藥

店僱員阿薩‧坎德勒添加在秘密配方裏的神奇成分，就是——想像力。

現在停下來，想一想這個例子。

還要記住，書中描述的致富步驟是一種媒介，通過它，可口可樂的影響力才能擴展到每個城市、鄉鎮、村落以及世上的無數大街小巷；還要記住，**任何你創造出來的構想，都可能和可口可樂一樣「合理而有價值」，都有可**能再次創造這種風行世界的輝煌的紀錄。

的確，人的想像是帶有物質性的，而想法經營的範圍遍及全世界。

假如我有 100 萬

下面的故事證實了「有志者，事竟成」這個古老的諺語。德高望重的教育家兼牧師——已故的弗蘭克‧岡薩魯斯讓我懂得了這個道理。當時，他從芝加哥南的畜牧區開始傳道事業。

岡薩魯斯先生唸大學時，注意到美國的教育制度存在很多弊端。他相信，如果自己能當校長，一定可以糾正這些問題。於是，成為某個教育機構的負責人，成為他心底最深的欲望。

他下定決心籌組一所新大學，這樣他就可以實現自己的理想，而不必受制於傳統的教育方式的束縛。

要實行這個計劃需要 100 萬美元！他到哪裏去籌集這一大筆錢呢？這個問題一直盤旋他腦海裏，困擾着這位雄心勃勃的年輕牧師。

但他似乎一籌莫展，毫無實質進展。

每天晚上，他都帶着這個念頭入夢，早晨帶着它一起醒來。無論走到哪裏，這個念頭總是如影隨形，揮之不去。他為之魂牽夢縈，直到後來，這成為他心中的唯一「意念」。雖然 100 萬美元是一大筆錢，但他知道只有自己才能給自己設限。

作為學者兼牧師，岡薩魯斯先生和任何成功人士一樣認識到，「明確的目標」是起步的支點。他還知道，當熾熱的欲望支撐着一個明確目標時，目標的明確性就會激發出熱情、生機和力量，使其變成對等的客觀物。

這些大道理他都懂，但他就是不知道該從何處着手獲得這 100 萬美元。面對這種情況，一般人會很自然會想到放棄，說：「唉，算了，我的構想雖好，但是這有甚麼用，因為我永遠也籌不到所需的 100 萬。」絕大多數的人的確會說這樣的話，但岡薩魯斯博士並沒有這麼說。他所說的話，以及他所做的事，意義非常深遠。所以，我現在鄭重介紹他，並由他親口來說：

> 一個星期六下午，我坐在房間裏，心裏想着怎麼樣才能籌錢，以實現我的計劃。近兩年的時間裏，我一直都在想着這個問題，但是除了想之外，我並未採取任何行動！
>
> 現在，行動的時候到了！
>
> 就在那時，就在那裏，我下定決心，一定要在一週內獲得所需的 100 萬。怎麼辦呢？我還沒想好。關鍵是要有在一定時間內獲得這筆錢的決

心，而且我告訴你，就在我下定決心，要在一定時間內獲得那筆錢的一瞬間，一種強烈的自信心湧上心頭，那種感覺以前從未有過。內心似乎有個聲音告訴我：「你早就該下定決心，那筆錢早就在等着你了！」

事情進展得很快。我立即打電話給一家報社，告訴他們我第二天早上準備佈道，題目是：「如果有 100 萬，我會用來做甚麼？」

我立刻着手準備這次佈道詞，坦白地說，這個任務對我而言並不難，事實上兩年來，我一直在為這次佈道作準備。

我很早就準備完畢，滿懷信心地入夢，因為我已經看到自己擁有了那 100 萬美元。

第二天早上，我起了個大早，走進洗手間，朗讀佈道詞，然後祈禱，期望這次佈道能引起某個大人物的注意，以便提供我所需的這筆錢。

祈禱時，我再次體會到這筆錢一定會出現的信心。我滿懷信心地走了出去，卻忘了帶佈道詞，直到站在講壇上正要開始講道時，我才發現這一點。

如果當時再回去就太遲了，然而正是這來不及回去竟是一件幸事！其實，我的潛意識自動提供了我所需的資料。當我起身講道時，我閉上雙眼，全心全意地訴說我的夢想。我告訴他們，假如我手中有 100 萬美元，就可利用它來實現我的夢想。我把心中的計劃描繪給他們聽，即要籌建

一所優秀的教育機構，教授學生實用的知識，並培育他們的心靈。

當我講完坐下來時，一個坐在大約倒數第三排的人慢慢地站起身來，向講壇走過來。我心裏有些疑惑。結果，他走近講壇，伸出手說：「牧師，我喜歡你的佈道。我相信，假如你有 100 萬美元，一定會兌現你的承諾。我信任你，如果明天早上你能到我的辦公室來，我會給你 100 萬美元。我叫菲力浦‧阿莫爾。」

第二天早上，年輕的岡薩魯斯到了阿莫爾先生的辦公室，拿到了 100 萬美元。他用那筆錢建立了阿莫爾理工學院，即現在的伊利諾理工學院。

那筆急需的百萬美元就是一個構想的結果，而支撐這個構想的就是年輕的岡薩魯斯在心中醞釀了近兩年的欲望。

請注意一個事實：當他下定決心要實現目標，且確定了實現目標的計劃之後，不到 36 個小時，他就得到了這筆錢。

年輕的岡薩魯斯獲得 100 萬美元的模糊念頭以及微弱希望並無任何特殊之處。在他之前或之後，許許多多的人也都有過類似的想法。但是，他的與眾不同之處在於：在那個值得紀念的星期六，**他將模糊不清的想法具體化，明確地說出：「我要在一星期內得到那 100 萬美元！」**

上帝似乎總是青睞那些完全知道自己想要甚麼的人，只要他們下定決心去得到。

不僅如此，岡薩拉斯賴以獲得百萬美元的原則至今仍然適用！這一原則也可以為你所用！如同當初年輕牧師使用這一原則時的情況一樣，這個普遍的法則至今依然行得通。

構想如何變金錢

注意一下阿薩・坎德勒和弗蘭克・岡薩魯斯博士一個共同點。他們兩人都懂得一個驚人的道理，即通過明確的目標和明確的計劃，構想可以變為金錢。

假如你認為辛苦工作和誠實守信是唯一的致富之道，那麼趕緊收起這個念頭！事實並不盡然！大筆的財富絕非僅靠辛苦工作才能得到！就算獲得財富，那也是對明確需求的回應，那是運用明確的原則的結果，而不是僅靠機會和運氣。

一般來說，構想，是憑藉想像力來驅使的一種意念衝動。所有傑出的推銷員都知道，構想可以售出賣不掉的商品。一般的銷售員並不懂得這一點，這也正是他們之所以「平凡」的原因。

一個圖書出版商有一個重大發現，他的發現對一般的出版商應該極有價值。他發現許多人買書只看書名，而不是書的內容。將一本滯銷書那不太吸引人的書名修改一下，其銷量有可能躍升到百萬冊以上，而書的內容絲毫未變。他只不過是撕去印有不具賣點書名的封面，重新貼上了頗具市場效應的書名封面。

這個行為看起來非常簡單，其實就是一個構想，一種

想像力！

構想沒有標準價格。構想的創造者可以自己標訂價格，而且如果他足夠聰明的話，一定可以得到理想的價格。

每一筆巨額財富的故事，其實都始於構想創始人與構想推銷人的默契合作。卡耐基身旁簇擁着一群專家，做着他做不到的所有事情，有的將構想付諸實施，實際推動構想，讓卡耐基及其他人獲得令人難以置信的財富。

許多人一輩子都盼望着有幸運的「機會」。或許好運的確能給人帶來一次機會，但最保險的計劃不能靠運氣。一次幸運的確給我帶來了巨大的機遇，但在這個機會變為財富之前，我已為它付出了 25 年不懈的努力。

「機會」讓我有幸運地遇到了安德魯・卡耐基，並得到他的鼎力合作。那一次，卡耐基在我心中植入了一個構想，就是將名人獲得成功的原則組織為成功哲學。這 25 年的研究成果使得千萬人受益，而且通過應用這一哲學，出現了許多致富的例子。起點其實很簡單，那就是任何人都能創造出來的構想罷了。

如果説靈感來自卡耐基，那堅定的決心、明確的目標、實現目標的欲望以及 25 年的堅毅努力來自哪裏呢？一般的欲望不可能戰勝失望、氣餒、暫時挫折、批評以及「白費時間」的一次次指責。只有那是種強烈的欲望，一種縈繞於心、揮之不去的意念，才能經受住這一切考驗！

當卡耐基先生最初將這個構想植入我的心中後，我就努力培育它、呵護它，讓他鮮活成長。慢慢地，構想在其本身的力量下，長成了巨人，並反過來引導我、關照我、

激勵我。構想的確就是這樣。**最初是你賦予構想以生命
力、行動和指導，然後，它就依靠自身的力量幫你掃除所
有障礙。**

　　構想是一股無形的力量，卻比產生它們的有形頭腦更
具力量。當創造構想的頭腦化為塵土之後，構想依然保有
生存的力量。

成　功　人　士

—— • *checklist* • ——

☑ 綜合型想像力：通過這種能力，人可以
　把舊有的觀念、構想或計劃重新組合，
　推陳出新。

☑ 創造型想像力：通過創造型想像，人類
　有限的智慧可以無限拓展。

☑ 任何你創造出來的構想，都可能和可口
　可樂一樣「合理而有價值」。

☑ 構想沒有標準價格。

☑ 最初是你賦予構想以生命力、行動和指
　導，然後，構想就依靠自身的力量幫你
　掃除所有障礙。

07

精心策劃

你取得的成就不可能超過你計劃的完美。
Your achievement can be no greater than your plans are sound.

普通人：
我要這個薪水！

成功的人：
我有提供優質服務的能力，
我可以領更高的薪水。

致富第六步 —— 欲望轉化為行動

你已經懂得，人們所創造或獲得的任何東西，一開始都是以欲望的形式出現的，欲望是這一旅程的起點，從抽象到具體，從模糊到清晰，然後進入想像力工廠。實現欲望的計劃就是在這一工廠內被創造出來，並在此得到了組織和整理。

「欲望」一章教你如何採取六個明確、實際的步驟，作為化欲望為金錢的第一步行動。其中一個步驟就是要制定一個或多個明確、實際的計劃，並通過這些計劃，實現欲望的轉化。

現在，我要教你如何制定計劃，而且是實用的計劃。

1. 根據需要，盡可能地集合一群人才，以積累財富為目的，着手籌備和實施計劃 —— 利用後面一章中講述的「智囊團」原則（遵循這項指示絕對必要，千萬不要忽視這一點）。

2. 組成「智囊團」之前，先明確你可以向這個團隊中的成員提供甚麼好處或利益，以回報他們的合作。沒有人願意在沒有任何報酬的情況下無限期地工作，也沒有哪個聰明人會在無利可圖的情況下要求或期望他人為自己工作，當然報酬不一定都以金錢形式體現。

3. 安排與「智囊團」成員聚會，每週至少兩次或多次（可能的話），直到你們同心協力完成一項或多項致富計劃為止。

4. 使自己與「智囊團」中的每個成員保持良好的關係，如果你無法嚴格遵循這項要求，很可能會遭遇失敗。

沒有完善和諧的關係，這項「智囊團」原則就無法運用。

記住以下事實——

1.你正在從事的工作，對你來說非常重要，要想確保成功，必須擁有完美無缺的計劃。

2.你必須借助他人的經驗、教育、才能與想像力等優勢。每一個成功致富的人都曾經採用過這種方法。

沒有任何人可以不需要他人合作，就算有充分的經驗、教育、才能和知識，也不能確保獲得豐厚的財富。在積聚財富的努力中，你所採取的計劃應該是你自己與全體智囊團成員共同努力的結晶，你計劃的全部或一部分，也許是你自己原創的，但那些**計劃必須經過「智囊團」全體成員通過，方可付諸實行。**

第一個計劃失敗了 —— 再試第二個

如果你採用的第一個計劃失敗了，就再擬一個新計劃，如果新計劃又失敗了，就再換一個，依此類推，直到找出有效的計劃為止。大部分人之所以會遭遇失敗，因為他們缺乏創造新計劃來取代失敗計劃的恒久毅力。

沒有實際又管用的計劃，即使再精明的人也無法成功致富，做其他任何事業都是如此。要牢記這一事實，而且當計劃失敗時，別忘了，**暫時的挫折並不代表永遠的失敗，它可能只意味着你的計劃還不夠完善合理。**需要你再擬定一個計劃，重新開始就是了。

暫時的挫折只意味着一件事：顯然你的計劃還存在某些缺陷。數百萬的人一生不幸、貧窮，就是因為他們缺乏

致富的完善計劃。

你取得的成就不可能超過你計劃的完美。

福特之所以發了財，並非他智慧超群，而在於他有一個完善的計劃。所受教育比福特好的人何止上千，卻因為沒有完善的計劃而潦倒終生。

詹姆斯・希爾開始努力籌措資金，建造橫貫東西的鐵路時，也曾遭遇過暫時的挫折，但後來，他制定了新計劃轉敗為勝。

亨利・福特不只在汽車事業生涯之初，甚至在事業接近巔峰之時也曾遭遇過暫時的挫折，但他重新擬訂計劃，繼續朝經濟上的成功邁進。

觀察那些發財致富的人，我們經常只看到了他們的勝利，卻忽略了他們在成功前要克服的多少挫折。

支持這一成功哲學的人總需經歷一些暫時的挫折，才能指望致富。挫折來臨時，把它當成是一種警示，表明你的計劃尚不完美，需要你重新擬訂計劃，再度奮起，朝着渴望的目標奔去。如果在沒有實現目標之前就輕言放棄，那就是「半途而廢的人」。

「一個半途而廢的人，永遠不可能成功；成功的人，決不會半途而廢。」把這句話用大字寫在紙上，放在早晨上班、晚上睡覺前都看得到的最顯眼的地方。

挑選「智囊團」成員的時候，盡力挑選那些能輕鬆面對挫折，不把挫折放在心上的人。

有些人愚蠢地認為，只有錢才能賺錢，這是不對的！運用書中的原則，欲望能轉化為金錢，所以欲望才是賺錢的媒介。金錢本身，只不過是無生命的物質。它不會移

動、不會思考，不會說話，但當某個人強烈渴望得到它、召喚它時，它卻能「聽得到」，然後應聲而至。

規劃個人服務的推銷

　　不管採取何種方式，制定合理、巧妙的計劃都是成功致富的必要條件。以下就為那些需要以推銷個人服務起家的人提供詳細的行動指南。

　　你應該知道，實際上，所有積累巨額財富的人，都是通過提供個人服務或推銷構想而取得酬勞作為起點的。如果一個人沒有財產，除了銷售構想與個人服務以換取財富之外，還有甚麼辦法呢？

　　總體而言，世界上有兩種人，一種是領導者，另一種是追隨者。當你要選定一個行業時，一開始就要決定，自己是要做一名領導者還是始終做一名追隨者。兩者之間的報酬差距可是天壤之別，雖然許多追隨者錯誤地期望得到與領導者一樣的報酬，實際上這一點是永遠也不可能實現的。

　　做一名追隨者並不丟人，從另一個方面講，一直都當追隨者就不那麼光榮了。大部分領導者一開始也都是追隨者。之所以能成為領導者，是因為他們是聰明的追隨者。無法聰明地追隨領導者的人幾乎千篇一律地無法成為有力的領導者；能有效追隨學習領導者的人，往往能迅速培養自己的領導才能。聰明的追隨者有很多優勢，其中之一就是擁有向領導者學習的機會。

領導者的主要質素

以下是成為領導者的重要因素：

1. 堅定的勇氣。它建立在對自己及所從事職業的認識之上而產生的。沒有任何一位追隨者願意接受一個缺乏自信與勇氣的領導者的支配。聰明的追隨者一般不會長期受這種領導者的控制，為這種領導者效力。

2. 自制力。無法控制自我的人永遠無法控制他人。領導者的自製力可以為追隨者樹立有力的榜樣，聰明的人會努力仿效。

3. 強烈的正義感。如果沒有公平與正義感，領導者就無法指揮追隨者，無法得到他們的尊敬。

4. 果斷的決策。策略搖擺、舉棋不定表明此人不自信，這種人無法成功地領導他人。

5. 明確的計劃。成功的領導者必須善於規劃工作，並身體力行。一個領導者如果只憑臆測行事，而沒有實際、明確的計劃，就好比一艘無舵的航船，遲早會觸礁擱淺。

6. 不計得失的工作習慣。作為領導者，必然要付出的代價就是必須以身作則，甘願比手下人做更多工作，以更嚴格的標準來要求自己。

7. 樂觀隨和的個性。一個散漫的人不會成為成功的領導者。領導權需要得到尊重。沒有培養隨和個性的人得不到部下的尊重。

8. 同情與體諒。成功的領導者必須對部下有同情心。此外，他還必須理解部下，體諒他們的困難。

9. 掌握細節。成功的領導需要掌握領導職位涉及的各

項細節。

10. 願意承擔責任。成功的領導者必須甘願為部下所犯的錯誤與過失承擔責任。假如他試圖推卸責任，他的領導地位就無法長久。假如部下有人犯了錯誤且無法勝任他的職位，領導者就必須認為這是自己的過失。

11. 合作。成功的領導者必須明白和運用團隊合作的原則，還要引導部下也這樣做。領導地位需要權力，而權力需要通過合作來體現。

領導方式有兩種：

第一種也是最有效的一種，是能引起部下情感共鳴與認同式領導。第二種是無法引起部下情感共鳴和認同的高壓式領導。

歷史上的諸多例子表明，強權領導不會持久。封建帝王與獨裁者的沒落與消亡就是最明顯的例子，它說明人們不會無限期地盲目順從霸道的領導。

當今世界已進入領導者和追隨者改善關係的新時代，這個時代呼喚新型領導者，呼喚工商界問世一種新型領導關係。那些崇尚通過權力進行領導的守舊派，應該學會認識新型領導關係，學會與基層民眾打成一片。對他們來說，除此之外沒有別的出路。

將來，老闆與員工之間的關係，或者領導者與追隨者之間的關係，應該是一種基於平等的商業利益形成的互助合作關係。今後，**老闆與員工之間的關係與過去相比，更像是一種夥伴關係。**

拿破崙、墨索里尼、希特勒等人就是強權領導的例證。他們的領導權已經灰飛煙滅。追隨者的認同才是唯一

能持久的領導方式！

人們可能會暫時順從霸道的領導，但他們並非心悅誠服。

新的領導風格會認同本章上述 11 項因素以及其他一些因素。以這些因素為基礎建立領導權的人，在任何行業中都能獲得大量的領導機會。

領導失敗的十大原因

我們現在來探討一下導致領導失敗的 10 項失誤，因為知道不該做甚麼與該做甚麼事實上同等重要。

1. 無力駕馭細節。高效領導需要具備組織和駕駛細節的能力。真正的領導者決不會因為「太忙」而無法完成領導者分內的工作。一個人無論是領導者還是部下，如果因為自己「太忙」而無法改變計劃，無法注意到任何緊急情況的話，就等於承認自己無能。成功的領導必須掌握任何與職位有關的細節。當然，這也表明，他必須培養將瑣事委託給有能力的部屬去做的習慣。

2. 不願從事卑微工作。真正偉大的領導者會根據形式需要，自願從事他要求部下做的任何事情。最偉大的領導是眾人之僕，能幹的領導者會注意且謹遵這一真理。

3. 期待靠「知識」而非靠運用知識的「行動」有所收穫。世界不會因為你「知道」甚麼，而給予你回報。得到回報的是那些願意身體力行，或者能督促別人去真抓實幹的人。

4. 害怕部下超過自己。害怕部下可能會取代自己的領

導者,遲早會讓恐懼成為現實。能幹的領導者會培養接班人,並且樂意將此職位的任何細節委託給他。只有這樣,領導者才可能分身兼顧多處細節,並能同時注意到多項事務。有能力託付他人事情的人所得到的報酬往往比事必躬親的人得到的報酬豐厚,這是永恆不變的事實。有能力的領導者可以通過自己的工作知識和個人人格魅力大幅提高部屬的工作效率,而且他人在其指導下提供的服務遠遠大於、優於沒有得到協助之前的狀況。

5. 缺乏想像力。沒有想像力,領導者就沒有應付緊急狀況的能力,就無法制定有效領導部下去執行的計劃。

6. 自私。因為部下的工作而邀功、據為己有的領導者必定招致怨恨。真正偉大的領導者從不會邀功。他樂於將任何榮耀歸於部下,因為他知道,多數人會因為讚賞和肯定而努力工作,而不僅僅是為了金錢。

7. 放縱無度。部下不會尊重一個放縱無度的領導者。此外,任何一種放縱都會削弱放縱者的耐力和活力。

8. 不忠。這一點或許應該擺在清單的第一位。如果領導者不能對公司、同事(包括上司和部下)忠誠的話,他將無法長久待在領導職位上。不忠的人使自己變得無足輕重,且註定會受到蔑視,不忠在各行各業中都是失敗的主要原因。

9. 強調領導「權威」。有能力的領導者會通過鼓勵而非威懾來確保自己的權威。企圖在部下心中鞏固「權威」的領導者,是強權的領導者。真正的領導者不需刻意凸顯權威這一點,只需以行為表現同情、體諒、公正以及對工作的勝任等。

10. 看重頭銜。能幹的領導者不需「頭銜」就可以贏得部下對他的尊敬。過分注重頭銜的人通常是因為沒有其他可誇耀之處。真正領導者的辦公室隨時對想進去的人開放，而且他的辦公區域附庸風雅、樸實無華。

以上是領導失敗的較常見原因，這些錯誤當中任何一項錯誤都足以招致失敗。假如你立志成為領導者，不妨仔細研究這份清單，以確保自己不會犯這些錯誤。

需要「新型領導方式」的廣闊領域

在結束本章之前，請再注意這幾個潛在的專業領域。在這些領域中，舊的領導方式漸趨過時，新型領導者能找到豐富的機會。

1. 政治領域。這一領域永遠都需要新型領導者，而且是一種近乎緊迫的需要。

2. 銀行業。它正處在一場改革之中。

3. 產業界。這裏需要新型領導者，未來在產業界能夠持久的領導，必須視自己為由政府特許的公司，其職責是在不損害個人或團體利益的情況下經營。

4. 法律、醫學和教育界這些領域將需要新型領導風格，在一定程度上還需要新的領導者，這一點在教育界尤為嚴重。未來教育界的領導者必須找到有效的方法，教導人們如何「應用」在學校所學的知識。教育必須多講實踐，少講理論。

5. 新聞界也需要新型領導者。想成功管理今後的媒體，就要讓它與特權分開。

6.宗教領域。未來宗教領袖將更加關注信徒的世俗需求，而不是那些逝去的過去和飄渺的未來。

這些只是目前新型領導者或新型領導風格找到機會的部分領域。世界正在發生快速變化，這表明，改變人類習慣的媒介也必須順應變革需要。這裏所說的媒介，比其他因素更能決定文明的趨勢走向。

應聘職位的時機和方法

下面的資料是我多年經驗的累結，在此期間已經有效地幫助過數以千計的人推銷他們的服務。

經驗表明，以下媒介是最直接、最有效的管道，它讓個人服務的買主與賣者各取所需。

1.職業介紹所。必須精心挑選信譽良好的職業介紹所，從它們的管理記錄中看出令人滿意的結果，但是這樣的職介所相對較少。

2.報紙、商業刊物、雜誌的廣告。應聘秘書或一般薪水工作的人可通過分類廣告得到滿意的結果。尋求主管級工作的人適合登醒目的求職廣告，以引起僱主們的注意。這種廣告應由專家來設計，因為他們懂得如何在廣告中注入足夠的賣點，提高你得到回應的成功率。

3.個人求職信。這種信通常寫給特定的公司或個人，也就是最有可能需要你提供服務的對象。這些信應該列印整潔，並親自簽名。隨信應附上一份完整的「簡歷」或求職者的資歷摘要。求職信和簡歷都需要由專家為你準備（參看以下「書面簡歷應該提供的資訊」）。

4. 通過熟人求職。如果有可能，應聘者應盡量通過共同的熟人接觸未來可能的僱主。這種接觸方式特別有利於那些欲覓主管職位，但又不願意「自降身份叫賣」自己的人。

5. 毛遂自薦。有時候，如果求職者毛遂自薦，主動表示願意為可能的僱主服務，可能效果更佳。這時應遞上一份完整的書面簡歷，以便僱主與同事一起討論求職者的情況。

書面簡歷應該提供的資訊

簡歷應該精心準備，就像律師為即將在法庭上陳述的證詞一樣仔細。除非求職者本身有準備這種簡歷的經驗，否則最好請教專家，借助其服務以達到目的。成功的商人會僱用懂得廣告藝術及心理學的人，以展現出商品的優點。同樣，推銷個人服務也是如此。個人簡歷中應該體現以下資訊：

1. 教育背景。簡明扼要地敍述曾上過的學校、專業以及學習這一專業的理由。

2. 工作經歷。假如有與目前應聘職位相關的經歷，就完整地敍述出來，並寫明以前僱主的姓名和地址。記住，要清楚地寫出任何你勝任該應聘職位的特殊經驗，可以為你得到理想職位增添籌碼。

3. 推薦信。實際上，每個公司都渴望了解準員工經歷，包括過去所有的記錄、經歷等資料。在簡歷中應該附上如下人士的複印信函：

（1）以前的僱主。

（2）教過你的老師。

（3）判斷力值得信賴的著名人士。

4. 本人照片。附上一張本人免冠近照。

5. 明確的應聘職位。不要只說申請工作，而不明確說明應聘哪個特定職位。千萬別要求「任何一個職位都可」，因為那樣表明你缺乏專業資格。

6. 說明你勝任某個職位的資歷。詳細列舉出自己認為能夠符合該特定職位的理由，這是申請表中最為重要的細節，比任何東西都能決定你被重視的程度。

7. 提議接受試用。這看起來是個很基本的提議，但經驗證明，它至少能贏得一個試用的機會。假如一個人對自己的資格非常自信，那麼試用就是你唯一的要求了。順便告訴你，這樣的提議表明你相信自己能勝任這一工作，這也是最具說服力的一點。要確信你的提議是基於下列理由：

（1）自信有能力勝任這一職位。

（2）自信這位可能的僱主在試用後會決定錄用你。

（3）得到這一職位的決心。

8. 對未來僱主的業務有所了解。申請一項工作之前，應充分研究與此工作相關的知識，使自己徹底熟悉這門業務，並在簡歷中敘述你對此行業的了解。此舉會給對方留下深刻印象，因為它表示你有想像力，而且對此職位真正感興趣。

記住，**能贏得官司的不一定是最懂法律的律師，而是對案子準備最充分的律師**。假如你適當地準備並充分地陳

述理由，那麼你在一開始就已經成功了一半。

不要擔心簡歷過長。僱主物色合適的求職者花費的心思和你為了獲得工作而費的心思一樣多。事實上，最成功僱主之所以成功，就是因為他們有能力挑選合格的得力助手。他們當然想得到所有的資料。

此外還要記住一點：一份整潔悅目的簡歷，足以表現出你是個做事細心、肯下工夫的人。我曾幫幾位客戶準備過簡歷，由於這些簡歷非常出色，結果使應聘者不需面談就獲得了工作。

完成簡歷之後，要把它們整齊地裝訂起來，並書寫或列印成類似以下的格式：

個人資格簡歷
申請人：羅伯特·史密斯
擬聘職位：布蘭克公司總裁私人秘書

每次遞交簡歷時都要相應更換名稱。

這種明確應聘公司名稱的方式一定會引人注意。把簡歷清晰地列印在紙上，並做一個活頁封面，如果應聘的不止是一個公司，適時在封面上替換公司名稱。將照片貼在簡歷上。嚴格按照這些要求做，並且根據自己的想像力進一步充實簡歷。

成功的推銷員懂得用心修飾自己，懂得第一印象的重要性。簡歷就是你的銷售代表。給它穿上一套漂亮的外衣，在求職的時候，你就能給潛在的僱主留下與他人形成鮮明對比的印象。如果你尋找的職位值得擁有，那麼就應

該用心去追求。而且，如果你想把自己推銷給一個僱主，用個人特點打動了他，那麼你最初得到的薪水很可能要高於用通常的求職方式得到的最初薪水。

如果你通過廣告或職業仲介求職，那麼請代理人使用你的簡歷作為推銷媒介。這會讓代理人和未來的僱主更好地了解你而優先考慮你。

如何得到理想的職位

人人都樂意從事適合自己的工作。畫家喜歡塗抹顏色，手工藝者喜歡動手，作家喜歡寫作。那些天賦明顯的人則鍾情於工商業。現代社會的優點就在於它提供了廣泛的就業選擇，耕作、生產、行銷還有其他專門職業。

1. 明確自己想從事的職業。如果還不存在這樣的職業，也許你可以自己創造一個。

2. 明確自己想在甚麼公司工作或為哪個人效力。

3. 了解未來僱主的政策、人事和晉升機會。

4. 通過自我剖析，分析自己的天分和能力，明確自己能做甚麼，然後設法展示你自認為可以成功提供的個人優勢、服務和點子。

5. 不要只想有個「工作」就行。不要想是否有機會，不要抱有「你可以給我一份工作嗎？」的想法，應該關注自己能做甚麼。

6. 心中有了計劃後，安排一位有文字經驗的人把它條理分明、內容翔實地寫在紙上。

7. 把計劃遞交給有權僱用你的人，剩下的事就由他來

決定了。每個公司都希望得到有價值的人才，不管是提供構想、服務還是提供「關係」的人。只要你能拿出對公司有利的明顯的行動計劃。

這個過程可能需要花費幾天或幾週的額外時間，但這樣做取得的收入、晉升機會和被認同的程度不可忽視，可能會省去你數年低薪而辛苦的工作。這種做法益處很多，主要的優點在於，它能將實現某個具體目標的時間，縮短1～5年時間。

每個一開始就這樣做或者「半路」採取這種做法的人，經過精心策劃，也會取得事半功倍的效果。

推銷服務的新方法

為了將來取得最大利益而推銷自我的人，必須認識到僱主與僱員關係正在發生變化。

無論是推銷產品還是服務，夥伴關係這條黃金法則將來至關重要。

僱主與僱員的未來關係會更像一種夥伴關係，其中包括：

1. 僱主；
2. 僱員；
3. 二者共同的服務對象。

之所以說這種個人推銷的方法新，原因有很多。首先，未來的僱主和僱員可被視為共事者，他們共同的事業是有效地服務大眾。過去，僱主與僱員之間總是針鋒相對，雙方極盡能事討價還價，他們從沒有考慮過，歸根結

枇他們各不相讓的受害者是第三方，他們共同的服務對
象——大眾，是以犧牲他們的利益為代價的。

將來，無論是老闆還是員工都會發現，他們將不再擁
有以犧牲服務對象的利益彼此之間討價還價的特權。未來
真正的老闆是大眾。每個希望有效推銷個人服務的人，都
要牢記這一點。

「禮貌」和「服務」是今天商業中的口頭禪，與其說
它們適用於那些僱主，不如說更直接地適用於那些推銷
者，歸根結柢，僱主與僱員都受僱於他們共同服務的大
眾。如果不能提供良好的服務，那麼他們將失去為大眾服
務的良機。

我們都還記得，過去查煤氣錶的人會重重地敲門，力
氣大得簡直可以震碎門上的玻璃。門一打開，他就會不請
自入，徑直闖進去，板着面孔，彷彿在說：「怎麼這麼久
才開門？」現在，這一切正在發生變化。他們現在變成了
「願為您效勞」的紳士。

大蕭條時期，我在賓夕法尼亞無煙煤區住了幾個月，
研究煤炭工業衰敗的原因。煤礦經營者與僱員互不讓步，
結果就以提高煤炭的價格為妥協。最後他們終於發現，自
己為燃油設備的製造商和原油產銷者帶來了可觀的業務。

提出這些例子是想讓那些計劃推銷個人服務的人注意
到，我們之所以獲得目前的地位，或成就目前這種身份，
全是因為我們自己的行為！如果有一個因果原則能操縱商
業、金融和運輸交通，那麼這一原則同樣也能掌控個人，
並決定他們的經濟地位。

你的「QQS」評價如何

我們已清楚地說明了有效而長期推銷個人服務成功的原因。必須對那些原因加以研究、分析、理解和應用，否則不可能高效而持久地推銷個人服務。每個人都必須做自己個人服務的推銷員，你所提供服務的品質和服務中表現出的熱情，在很大程度上決定了你的薪酬和受僱期限。要有效推銷個人服務（意思是在得到滿意的工資和愉快的工作環境前提下，長期被僱用），就必須採用並遵循「QQS」公式，即質量（Quality）、數量（Quantity），再加上適當的合作精神（Spirit），三者合起來就是完美的服務推銷術。記住「QQS」公式還不夠，要進一步把它變成一種習慣！

為了準確理解這個公式的含義，我們來分析一下這個公式。

1.服務質量的含義是，以盡可能追求更高效為目標，以最有效的方式，完成和你的職位有關的各項細節。

2.服務數量是指，一種隨時提供力所能及的服務的習慣，其目的是通過實踐和經驗培養更高的技能，以提高服務數量。重點還是得把服務當成一種「習慣」。

3.服務精神則應該解釋為一種愉悅、和諧的行為習慣，它能促進同事和上下級之間的合作。

合理的服務質量與數量，還不足以讓你的服務維持長久的市場。**你提供服務的行為或精神，才是決定你的薪水與工作能否持久的決定性因素。**

安德魯·卡耐基在講述成功推銷個人服務的因素時，

特別強調了這一點。他反覆強調和諧相處的必要性。他強調，一個員工若不能以和諧的精神工作，無論他的工作量有多大或工作質量有多高，他都不會僱用這樣的員工。卡耐基先生堅持使用個性愉悅、隨和的人。為了證實對這一品質的特別重視，他幫助許多符合這一標準的人變成巨富，而不符合標準的人只有讓位於別人。

我們已經強調了愉悅的個性的重要性，因為這個因素能使人精神飽滿地為他人提供服務。

如果一個人具有令人愉快的個性，並以和諧相處的精神服務他人，那麼這些優點將能彌補服務的質與量上的不足。令人愉悅的行為是任何事物也無法成功取代的。

服務的資本價值

如果一個人的收入全部來自推銷個人服務，那麼他和販賣商品的商人完全一樣，而且，這種人也遵循着和販賣商品的商人一樣的規則。

我們一直強調這一點，因為大部分以推銷個人服務維生的人總是錯誤地認為，他們不必遵守販賣商品的商人應該遵循的行為準則和責任。

消極推銷的時代已經過去，取而代之的是積極的服務型推銷。

大腦的實際資本價值可能取決於你創造的收入（通過出售自己的服務）。年收入可以估計為資本價值的 6％，因此，年收入乘以 100/6，就是服務所得資本價值。金錢只佔每年收入的 6％。金錢的價值遠不及大腦的價值，它

的價值通常低得多。

如果有效銷售你的聰明大腦，那麼它所表現的資本形式，要比推銷商品創造的資本價值更大，因為大腦永遠不會因為經濟不景氣而貶值，而且這種資本也不會被竊取或被花費掉。此外，如果不能與高效的大腦相結合，經營企業必備的資本就會如沙丘般毫無價值。

失敗的 31 項主因

人生的最大悲劇就是人們熱切地嘗試卻屢遭失敗。之所以說它是悲劇，就在於和極少數成功人士相比，失敗的人總是佔絕大多數。

我曾分析過數千名對象，其中有 98% 位於「失敗者」之列。

我的分析表明，失敗有 31 項主要原因，致富有 13 項原則。本章將討論這 31 個失敗的主要原因。閱讀這些條目時，將它們與自己一一對照，看看有多少失敗因素是阻礙你取得成功的。

1. 先天不足。天生有智力缺陷的人，幾乎沒有甚麼辦法可以彌補。好在，這是 31 項失敗因素裏，唯一一項無法通過個人努力輕易彌補的缺陷。但它可以通過智囊團來協助。

2. 缺乏明確的生活目標。沒有明確的中心目標或努力方向，就沒有成功的希望。我分析過的人當中，有 98% 的人不具備這種目標。或許這正是他們失敗的主因。

3. 沒有非同尋常的雄心抱負。我們認為，如果對任何

事都漠不關心，不想在人生中超越發展，不願付出代價，那麼這樣的人也將成功無望。

4. 教育不足。這種缺陷相對比較容易彌補。經驗表明，最有教養的人，經常是那些「白手起家」或「自學成才」的人。要讓一個人變得有教養，光靠大學學位是不夠。有教養的人懂得在不侵犯他人利益的前提下，去獲得自己想要的東西。有教養不在於得到多少知識，更要有效而持久地應用知識。人得到多少回報，往往不是來自於他擁有多少知識，而在於「實踐」這些知識。

5. 缺乏自律。紀律來自自我控制。這意味着你必須控制所有的消極思想。只有先控制住自己，才能控制住環境。「自制」是人類所面對的最艱巨任務。如果無法戰勝自我，就會被自我征服。站在鏡子前面，一個人就可以同時看到自己是最好的朋友也是最難對付的敵人。

6. 身體狀況不佳。沒有健康，就享受不到取得成功的喜悅。健康不良的很多原因是可以掌握和控制的。其中一些主要原因有：

（1）過度攝取無益於健康的食物。

（2）錯誤的思考習慣；對一切持消極否定態度。

（3）不良的性習慣或過度沉溺於性。

（4）缺乏適當的體育鍛煉。

（5）由於各種原因，導致新鮮空氣供應不足。

7. 童年時期不良環境的影響。「樹苗不扶正，長大必歪斜」。大部分有犯罪傾向的人，他們的錯誤行為，都是因童年時期不良環境和不當交往造成的。

8. 拖拉。這是失敗最常見的原因之一。拖拉老人存在

於每個人心中的某個角落，伺機破壞一個人的成功機會。多數人一生失敗，就是因為一直都坐等「適當時機」，好開始做那些值得做的事情。不要等待。時機永遠不會「適當」。**從現在開始，先從身邊能得到的工具做起，中途還會遇到更好的工具。**

9. 缺乏毅力。不管做甚麼，大部分人都是優秀的起始者，但卻不能善始善終。此外，人們往往一遇到失敗，就容易放棄。毅力是無可取代的。把毅力當座右銘奉行到底的人，會發現「失敗老人」終將疲憊，自行離去。失敗是無法對抗毅力的。

10. 消極的個性。因為消極的個性，而拒人於千里之外者，也是沒有成功的希望的。成功來自於對力量的運用，而力量又來自於與他人的合作。消極的個性無法促成合作。

11. 對性衝動缺乏控制。在所有驅使人類採取行動的動力中，性的力量最為強大。正因為它是一種最強烈的情緒，更應將其轉化為其他能量，而予以控制。

12. 無法克制「不勞而獲」的欲望。這種投機本能使上百萬人走向失敗。1929 年華爾街股市大崩盤就是一個例證。據分析，在那次事件中，數百萬人就是懷着投機心理，想借着曇花一現的股票買賣一夜暴富，結果以破產告終。

13. 缺乏果斷的決策力。成功人士會決策果斷，在必要的時候，他們再慢慢改進。失敗者往往花很長時間才能作出決策，結果很快就又修改，而且頻繁修改。猶豫和拖拉是一對雙胞胎兄弟。只要找到其中的一個，就一定能找

到另一個。所以必須趁它們沒有將你完全釘在失敗的車輪之上時，果斷地把它們消滅。

14. 有六種基本恐懼中的一種或多種。本書最後一章專門分析這些恐懼。有效推銷個人服務時，必須控制這些恐懼。

15. 擇偶不當。這是事業失敗的一個常見原因。婚姻關係使兩個人保持親密的接觸。如果這種關係不和諧，失敗會接踵而至。此外，這種失敗的典型表現，是不幸和痛苦，它能摧毀人的所有雄心抱負。

16. 過度謹慎。不主動抓住機會的人往往只能撿別人挑剩下的機會。俗話說「過猶不及」，過度謹慎和不夠謹慎都不可取。人生本來就充滿了偶然成分。

17. 事業夥伴選擇不當。這是事業失敗的常見原因之一。推銷個人服務時，應該認真選擇僱主，好的僱主能夠激勵人，他本人就是智慧和成功的化身。我們總是樂意效仿身邊的人，所以要選擇一位值得效仿的僱主。

18. 迷信與偏見。迷信是恐懼的一種形式，也是無知的表現。成功人士心胸寬廣，思想開明，無所畏懼。

19. 錯誤的職業選擇。從事一個你不喜歡的職業，不可能取得成功。推銷個人服務的最關鍵一步，是選擇一個自己喜歡的職業，並全身心地投入。

20. 目標不專。「萬事通，萬事鬆」。要全心全意專注於一個主要目標。

21. 肆意揮霍的習慣。揮霍浪費的人不可能成功，因為這樣的人永遠都面臨貧窮的恐懼。應該養成良好的習慣，定期從收入中拿出一定比例，以備不時之需。存在銀

行中的錢讓一個人在推銷個人服務的談判中更有底氣。沒有錢做後盾，就必須聽任別人的擺佈，且敢怒而不敢言。

22. 缺乏熱情。沒有熱情，一個人就沒有說服力。而且，熱情能夠感染力，一個人如果擁有熱情，並能適當控制熱情，通常在集體中會受到人們的歡迎。

23. 偏執。心胸狹隘很難取得任何進步。偏執說明一個人不積極獲取新知識。涉及宗教、種族和不同政治觀念的偏執最有危害。

24. 放縱。最有害的放縱形式是暴飲暴食、放縱性欲。無論哪種形式的放縱對成功來說都是致命的。

25. 不善於合作。多數人喪失了生活中的位置和機遇，多半是因為這個不足，而不是其他原因。任何明智的商人或領導者都不會容忍這個問題。

26. 輕易得來的東西。比如富人的子女，以及繼承財富的人的所得。不經過個人努力而輕易得到的東西常常是取得成功的致命因素。一夜暴富比貧窮更可怕。

27. 故意不忠。誠實是一種不可替代的品質。有時因為環境無法控制，受無法控制的環境所迫，一個人可能會一時不忠誠，這樣不會帶來永久的破壞。但是，如果一個人蓄意不忠，就無可救藥了。他的行為遲早會被發現，他可能會以失去信譽，甚至是失去自由為代價。

28. 自負和虛榮。這些品質問題好比亮起的紅燈，讓人不敢靠近，是妨礙成功的致命因素。

29. 臆斷而不思考。多數人往往太過散漫或者懶惰，不深思熟慮了解事實的真相。他們喜歡根據猜測或倉促得出的「結論」行事。

30. 缺乏資金。這是初次創業者失敗的普遍原因。沒有足夠的資金儲備做後盾，就無法承受失敗的打擊，無法在逆境中生存，從而建功立業。

31. 你還可以列出自己遭遇過而在此沒有列出的失敗原因。

失敗的這 31 項主因是對人生的悲劇的生動寫照，每個努力過但遭遇到失敗的人都嘗了這些人生悲劇。如果能請了解你的人與你一同審視這些失敗因素，並與你的情況一一對照，那對你無疑會有幫助。如果由你自己來做，也會有所幫助。多數人不會站在別人的立場上來評價自己，也許你正是其中之一。

你知道自己的價值嗎？

古人云：「知己知彼，百戰不殆」。如果想成功地推銷一種商品，就必須了解這種商品。**同樣想成功推銷自己也是如此。必須先了解自己的弱點，才能彌補或徹底摒棄不足。**必須要了解自己的實力，才能在推銷自我時，充分發揮自己的優勢。只有通過準確的分析，才能真正了解自己。

一個年輕人向一個知名企業的經理申請工作時，就表現出了不了解自我的愚蠢。開始他給對方留下了良好的印象，最後當經理問他希望得到多少薪水時，他回答說沒有既定的數目（沒有明確的目標）。經理說：「我們先試用你一週，然後再決定你的薪水。」

「我不同意」，求職者回答道：「因為我希望在這裏得

到的薪水高於現在任職的地方。」

　　在目前的職位上商談薪水的調整或尋求新職位時，必須確保自己的價值高於目前得到的報酬。

　　索取金錢是一回事 —— 因為人人都想得到更多 —— 但是自己的價值多大完全是另一回事！很多人錯誤地認為自己要求得到的就是自己的價值。其實個人的經濟要求或希望與一個人的自身價值毫不相關。**你的價值完全取決於你提供有效服務的能力或促使他人提供服務的能力。**

自我分析

　　就像做生意要年度盤點一樣，為了有效推銷個人服務，一年一度的自我分析也很必要。而且，年度分析應該體現出缺點的減少和優點的增加。在人生的道路上，一個人要麼是進步了，要麼是原地不動，要麼是後退了。當然，我們的目標應該是不斷進步。年度分析應該體現出你是否取得了進步，進步有多大，還應體現你是否有所退步。有效推銷個人服務需要一個人不斷前進，哪怕這種進步緩慢而微小。

　　年度分析應該在年底來做，這樣就可以根據分析結果，把需要改進的內容添加到新一年的計劃中。自我分析時，可以詢問自己以下問題，還應該在他人的幫助下檢查自己的答案，因為這個人不允許你欺騙自己，以保證答案的準確性。

自我分析問卷

1. 我實現今年制定的目標了嗎?(應該制定一個明確的年度目標,作為人生主要目標的一部分。)

2. 我是否提供了力所能及的最佳服務?或者我能否在某個方面改進這一服務?

3. 我是否提供了力所能及的最大服務量?

4. 我的工作是否一直保持着和諧與合作的精神?

5. 我是否讓拖拉的習慣降低了工作效率?在多大程度上影響了工作效率?

6. 我是否改進了自己的個性?是如何改進的?

7. 我是否自始至終貫徹了自己的計劃?

8. 我是否在所有情況下都果斷明確地作出了決策?

9. 我是否讓六種基本恐懼中的任何一種或幾種降低了工作效率?

10. 我是過度謹慎,還是不夠謹慎?

11. 我與同事的相處是否和諧愉快?如果不夠愉快,錯誤是部分在我,還是全部在我?

12. 我是否因為不夠專注而浪費精力?

13. 我是否以寬廣包容的胸懷面對所有的問題?

14. 我以何種方式提高了服務能力?

15. 我放縱過何種習慣?

16. 我是否公開或私下表現過任何形式的自私?

17. 我對待同事的行為是否贏得他們的尊敬?

18. 我的觀點或決定是基於猜測還是基於準確的分

析和思考？

19. 我是否遵循了提前安排時間、預算支出和收入的習慣？在這些方面，我是否太保守？

20. 我把多少時間花在了無益的努力上，而本來可以用這些時間做更有意義的事情？

21. 我應該怎樣重新安排時間，改變習慣，才能在新的一年更有效率？

22. 我是否因為做過良心不允許的事情而內疚？

23. 我在哪些方面提供了超出分內的服務品質和數量？

24. 我是否對某人不公平？在哪方面不公平？

25. 如果我的服務對象是自己，那麼我對得到的服務滿意嗎？

26. 我是否選擇了合適的職位？如果不合適，為甚麼？

27. 我的服務對象對我的服務滿意嗎？如果不滿意，為甚麼？

28. 按照成功的原則，我對自己的評價如何？要公正坦白。

　　閱讀和徹底了解了本章的內容後，也許你現在就準備制定一份切實可行的個人服務推銷計劃。本章將詳細介紹制定個人服務推銷計劃必需的原則，包括領導者的主要質素、領導失敗的常見原因、包含有領導機會的領域、各行各業失敗的主要原因，以及在自我分析中應該向自己提問的重要問題。

　　之所以講述這些詳盡的準確資訊，是因為每個想通過推銷個人服務開始積累財富的人都需要這些。那些失去財富或剛剛開始積累財富的人，只能通過提供個人服務來創造財富；因此，他們有必要掌握所需的資訊，以便讓個人服務換取最大回報。

　　完全吸收、掌握本章傳達的資訊，有助於我們推銷個人服務，也有助於提高分析和判斷他人的能力。這些資訊對人事主管、招聘經理和其他負責選拔員工和維持企業效率的管理者，都可謂意義重大。如果對這種說法有所懷疑，可以拿出紙筆回答那 28 道自我分析問題，以證實其可靠性。

致富的機會

　　致富與合理佔有財產只有一種方法最可靠，那就是提供有益的服務。目前建立的任何一種社會制度，都不允許你僅憑勞動多少就能致富，或者不通過相互間的等價交換就能發財。

　　有一條原則叫經濟法則！這種法則並不只是一種理論，而是一條真理。

　　將這個原則記住吧，此外，你還要知道，它比所有政客和政治機器的力量都要強大。它的能力遠在所有組織控制之外。任何行業的投機者或自詡為領導的人都無法動搖、影響或收買它。此外，它還有一雙千里眼和完善的記帳系統，任何試圖不勞而獲的人，都逃不過它合理而公正的懲罰。它的記帳員遲早會來到，無論你是名人還是普通

人，它都會要求你核對帳本。

有人稱這種制度叫大商業或是資本掠奪群體。無論你叫它甚麼，這種賦予我們自由的社會制度都代表着這樣一群人：他們理解、尊重並善於運用這條強大的經濟法則。他們的經濟拓展取決於對這條法則的尊重。

每一個誠實公民都有權享有積累財富的自由和機會。如果一個人去打獵，他可以選擇獵物集中的地方。尋找財富時，當然可以利用同樣的法則。

如果你追求財富，那麼不要忽視那些富有的國家，只是這些國家的女性每年花在口紅、胭脂和其他化妝品上的錢就在五六百萬美元以上。

如果你想致富，一定認真考慮那些每年消費數百萬美元香煙的國家。

千萬不要急於離開一個人們願意甚至渴望每年拿出數百萬美元看橄欖球、棒球和職業拳擊賽的國家。

還要記住，對於積累財富的渠道來說，這些只是剛剛開始，上面僅僅提到了一部分奢侈消費品和非必需品。但是要知道，生產、運輸和銷售這幾項商品，就可以給幾百萬人提供穩定的工作，他們的服務就能得到豐厚的回報，然後他們就可以自由地購買奢侈品和必需品。

要特別記住，交換商品和服務的背後可能就隱藏着積累財富的大量機會。沒有甚麼能阻止你或任何人為這些事業去努力。

如果一個人能力出眾、訓練有素、經驗豐富，他就可以積累大筆財富。如果沒有這麼幸運，也可以積累少量財富。任何人都能憑藉微薄之力在這個世界上生存。

所以，對我們任何一個人來說，機會就在眼前！

它已經展現在你面前，等待你走上前來，盡情選擇，制定計劃，付出行動，堅持到底。

社會賦予每個人提供有益服務的機會，讓每個人都可以根據提供的服務價值而取得相應的財富，但它決不鼓勵不勞而獲。

成 功 人 士

☑ 暫時的挫折並不代表永遠的失敗，可能只意味着你的計劃還不夠完善合理。

☑ 計劃必須經過「智囊團」全體成員通過，方可付諸實行。

☑ 今後，老闆與員工之間的關係與過去相比，更像是一種夥伴關係。

☑ 想成功推銷自己，必須先了解自己的弱點，才能彌補或徹底摒棄不足。

☑ 你的價值，完全取決於你提供有效服務的能力。

Golden Rule

決心

意見是世界上最廉價的商品。
Opinions are the cheapest commodities on earth.

普通人：
先問問他人的意見吧。

成功的人：
你信任的人往往會無意地左右了決策。

致富第七步 —— 克服拖拉

對 25,000 名男性和女性的失敗經歷進行分析的結果顯示，沒有決心幾乎位於 31 項失敗主因的前列。

與決心相對立的，拖拉，是每個人都必須戰勝的共同敵人。

讀完本書後，你將有機會檢查一下自己迅速而明確地下決心的能力，並準備將書中講述的原則運用到實際行動當中。

我分析過幾百位累積財富過百萬美元的人，結果發現，這些人都習慣於果斷決策，然後根據情況需要，再慢慢修改。而那些沒有發財致富的人，則毫無例外地有着猶豫不決、頻繁改變主意的壞習慣。

亨利‧福特的一個突出品質就是迅速果斷的決策力。他的這個特點非常突出，以至於得了個老頑固的名聲。正是由於這種品質，當所有的顧問和眾多買主勸他改變決策時，福特依然堅持製造出著名的 T 型車（世界上最難看的車）。

也許福特作出改變的速度太慢，但從另一方面看，在車型還沒等到修改的時候，他的堅定決策就已經創造了巨額財富。不用置疑，福特果斷決策的習慣固然有頑固之嫌，但這種習慣畢竟勝過猶豫不決、頻繁更改。

如何果斷決策

多數積累財富沒有達到自己預期的人，通常容易受他

人的意見的影響，他們總是讓報紙和周圍人的閒話代替自己的思考。意見是世界上最廉價的商品。每個人都有一肚子意見想說給願意聽的人。如果作決策時易受他人意見影響，你就很難做成任何事，更別提把欲望變為財富了。

如果你總受別人觀點的影響，你就沒有自己的欲望。

開始實行這裏所説的原則時，要自己作決定並堅定實施自己作出的決定，不要讓他人知道你的想法。不要告訴任何人，除非是你特別信賴的人，與你志同道合的人或智囊團的人。

親密的朋友和家人雖然不會有意製造障礙，但他們的「意見」和故作幽默的嘲諷常常會阻礙我們的決策。很多人一輩子都有自卑情緒，就是因為某些善意但無知的人用「意見」和嘲諷摧毀了他們的自信心。

你有自己的頭腦和思想，為甚麼不用它作出自己的決策呢。如果你需要從別人那裏獲取事實或信息幫助你決策，你就悄悄地去取得這些事實或資訊，不要暴露自己的意圖。

有些人才疏學淺或一知半解，卻總喜歡在他人面前裝作大有學問才高八斗。這種人通常説話很多，卻不善於傾聽。如果你想培養果斷決策的能力，那麼就睜大雙眼，豎起耳朵，閉上嘴巴。言論的巨人常常是行動的矮子。如果説得多、聽得少，不僅會失去積累有用知識的機會，還會暴露了自己的計劃和目的，讓那些嫉妒你的人盡情地將你打敗。

還要記住，每次在一個博學多識的人面前開口時，你是有真才實學，還是肚中空空會顯露無遺！真正的智慧通

常表現為謙虛和沉默。

記住，你身邊的每個人都和你一樣，在尋求致富的機會。如果你過於隨意口沒遮攔，說出自己的計劃，最終可能會驚訝地發現，有人已經搶在你前面，將你不小心透露的計劃而付諸行動了。

那麼你首先應該作出的決定就是保持沉默，洗耳恭聽，察言觀色。

為了時刻提醒自己，可以在一張紙上用大字寫下「先做後說」，放在你每天都能看到的地方。

這句話的意思也就是說：「**說得好不如做得好。**」

自由還是死亡

決心的價值取決於作出決策所需的勇氣。為人類文明奠基的偉大決定，通常是在冒着死亡危險的危急情況下作出的。

林肯決定發表著名的《奴隸解放宣言》（*Proclamation of Emancipation*）它讓受奴役的美國黑人獲得自由。做出這個決定時，他已經充分意識到，他的舉動將使成千上萬的朋友和政治擁躉與他離心離德。他也知道，貫徹這個宣言將意味着數萬人戰死疆場。這需要勇氣。

蘇格拉底寧可服毒，也不肯妥協自己的信仰，這是一個勇敢的決定。他將歷史向前推進了 1000 年，給那些後來者以思想和言論的自由。

南北戰爭期間，羅伯特‧李將軍脫離聯邦，堅持南方的道路，這也是個勇敢的決定，因為他知道，這個決定會

讓他獻出生命，也會犧牲他人的生命。

在每一個美國人的心裏，歷史上最重大的決定是1776 年 7 月 4 日在費城作出的。當時，56 個人把他們的姓名簽在了一份文件上，他們清楚地知道這份文件將帶給所有的美國人以自由，如若不然，這 56 個人面對的就是絞刑。

這份著名的文件你也許並不會陌生，但你不一定從中領悟到，它非常明確地傳達了如何取得個人成就的深刻道理。

我們都記得那份重要文件的簽署日期，卻很少有人知道作出那個決定需要多大的勇氣。我們記憶中的歷史，都有書本上記載的內容；我們能記住日期，能記住那些為自由而戰的勇士的姓名，能記住福吉谷和約克鎮，也記住了渥利斯男爵喬治‧華盛頓。但是，我們卻很少知道這些人物、時間和地點背後的真正力量。我們更不知道，早在華盛頓的軍隊到達約克鎮之前，就確保了美國人自由的那股無形的力量。

讀過美國獨立戰爭的人都錯誤地認為華盛頓是美國之父，認為正是他為美國人贏得了自由。事實上，華盛頓在這一事實背後只起了輔助作用。這樣說，並不是想否認他的輝煌和榮耀，而是為了進一步提請大家注意那種驚人的力量，那才是他的勝利之源。

史書作者隻字未提這種力量，而正是這種力量創造了這個必將為全世界樹立獨立新典範國家的誕生，並給這個國家帶來了自由。這是歷史的悲劇。我這樣說，是因為每個人必須運用這種力量去跨越人生的障礙，取得應有的生

活回報。

讓我們簡單回顧一下創造這種力量的歷史事實。故事起因於波士頓事件。1770 年 3 月 5 日，英國士兵在街道上巡邏，公然恐嚇那裏的居民。這些殖民地的居民最痛恨全副武裝的士兵的示威。他們開始公開發洩憤怒的情緒，向行進的士兵投擲石塊並辱罵他們。最後，指揮官下令：「上刺刀，進攻！」

戰鬥打響了。結果死傷慘重。這個事件激起了公憤，地方議會（由殖民地的傑出公民組成）為了採取有力的行動，召集了緊急會議。約翰·漢考克和撒母耳·亞當斯是議會中的兩名成員，他們積極發言，主張立即行動起來，將所有的英國軍隊逐出波士頓。

要記住，正是這兩個人作出的決定，讓美國人有了今天享有的自由。還要記住，他們的決定需要信心和勇氣，因為這是個危險的決定。

會議結束前，撒母耳·亞當斯被派去拜訪當地總督哈奇森，他要求總督將英國軍隊撤走。

他的要求被批准了，軍隊撤出了波士頓，但事情並未就此了結。它創造了一個註定改變整個文明趨勢的歷史環境。許多偉大的變革，比如獨立戰爭，往往都在看似並不重要的環境裏產生，這不是一種奇怪的現象麼？這些重大的變革開始只是一些少數人頭腦中作出的果斷決定。

組建智囊團

理查·亨利·李是這個故事中的重要因素，因為他

和撒母耳·亞當斯頻繁以書信方式聯繫，毫無保留地交換意見，表達對自己所在殖民地的人民幸福安寧的憂慮和希望。通過這種做法，亞當斯想到，在 13 個殖民地中相互通信，能促成大家的精誠合作。波士頓事件兩年後（1772年 3 月），亞當斯向議會提出一個設想，在各個殖民地建立通信委員會，明確委任各殖民地的通信員，「目的在於改善英屬殖民地之間的友好合作」。

別小看它。這就是給每個人帶來自由的力量的開端。智囊團已經組成了。亞當斯、李和漢考克就是其中的成員。

通信委員會成立了。團結就是力量！殖民地居民以前一直以無組織的形式與英軍進行軍事對抗，例如波士頓事件，但卻從未獲得過任何實質的效果。他們個人的不滿並未被集中起來，他們沒有一個智囊團作集體領導，所以每個人的思想、意志和力量沒有朝着一個既定的目標努力，沒有結合成一個果斷決策的力量，不能有效地解決與英國人之間的問題，直到亞當斯、漢考克和李走到了一起。

這時候，英國人也沒閒着。他們也做着自己的規劃，組建自己的「智囊團」。他們的優勢是擁有資金與組織有序的軍隊。

改變歷史的決定

皇室委派蓋奇接替哈奇森擔任馬薩諸塞州的總督。新總督上任後首先採取的一項舉措，就是派使者拜訪撒母耳·亞當斯，試圖通過恐嚇達到阻止其對抗的目的。

　　下面是芬頓上校（蓋奇派出的使者）和亞當斯之間的對話，通過這個對話就能清楚地看出當時的情形。

　　芬頓上校：「蓋奇總督派我來向您保證，亞當斯先生，如果您能停止與政府對抗的行動，總督會給你滿意的報酬（試圖賄賂拉攏亞當斯）。總督建議您不要再讓英王陛下不悅。您的行為已經觸犯了《亨利八世法案》，依照這個法案，總督有權決定是把您送到英格蘭接受叛國罪的審判，還是送給地方政府，接受包庇罪的審判。但是，如果您能改變自己的政治路線，您不僅能得到可觀的個人利益，也會與國王相安無事。」

　　撒母耳‧亞當斯面臨着兩種抉擇。他要麼結束對抗，接受帶給他個人的好處，要麼繼續對抗，但是要冒着絞刑的風險！

　　很明顯，亞當斯必須立即作出一個性命攸關的決定。對多數人來說，這很艱難，他們可能選擇保全身家性命。亞當斯堅持要求芬頓上校保證將他的答覆原封不動地轉達給總督。

　　亞當斯的答覆是：「既然你可以告訴蓋奇總督，我相信我會一如既往地保持與國王陛下的良好關係。但是個人利益的誘惑不會讓我放棄正義的事業。另外，請您轉告蓋奇總督，撒母耳‧亞當斯對他的建議是，不要再侮辱一個已經憤怒的民族的情感。」

　　說出這番話的人，擁有多麼高尚的忠誠。

　　蓋奇總督收到亞當斯的激烈的答覆後，大發雷霆，然後簽署了一份公告。公告內容如下：「在此，我以英王陛下的名義，寬容地原諒那些願意放下武器、重新做守法公

民的人，但決不會原諒撒母耳·亞當斯和約翰·漢考克，他們罪不容赦，理應受到應有的處罰。」

有人會說，亞當斯和漢考克可謂「命懸一線」。政府的憤怒和威嚇迫使他們二人作出了另一個同樣危險的決定。他們迅速召集那些最忠實的支持者開了一個秘密會議。會場就緒後，亞當斯鎖上門，把鑰匙放進自己的口袋裏，然後告訴所有的在場人員，當務之急是組建殖民地居民的議會，在成立議會的決定產生之前，任何人都不許離開房間。

這番話一說完，立即引起了一陣騷動。有人擔心這種激進做法會帶來甚麼後果，有人質疑與皇室對抗的決定是否明智。鎖在這個房間中的有兩個毫不畏懼、不知失敗為何物的人：漢考克與亞當斯。在他們的影響下，其他人終於同意，同意通過通信委員會做工作，1774 年 9 月 5 日在費城召開第一次美洲大陸會議。

要記住這個日子，它比 1776 年 7 月 4 日更為重要。如果沒有召開大陸會議的決定，就不會有獨立宣言的簽署。

大陸會議召開第一次會議之前，在北美大陸的另一個地方，還有一位領導者正在艱難地出版《英屬美洲的權利概覽》（*Summary View of theRights of British America*）。他就是維吉尼亞的湯瑪斯·傑弗遜（Thomas Jefferson, 1743-1826），他與鄧莫爾勳爵（皇室外派駐維吉尼亞的代表）的關係，與漢考克和亞當斯與他們總督的關係一樣勢同水火。

發表著名的《權利概覽》之後不久，傑弗遜得知，

他將因為背叛皇室政權而受到起訴。面對這種威脅，傑弗遜的一位同僚派翠克·亨利大膽地說出了他的想法，並以一句將永遠流傳的經典名言結束了講話：「如果這叫做叛國，那麼就叛國到底吧！」

正是這樣一些人，沒有權力，沒有地位，沒有軍隊，沒有資金，但是他們能嚴肅地考慮殖民地的前途命運。從第一次大陸會議召開起，一直延續了兩年，直到 1776 年 6 月 7 日，理查·亨利·李站出來，以主席身份對驚愕的與會者提出了以下提案：

「先生們，我提議，按照法律這些聯合的殖民地應該是，而且有權成為自由獨立的州。這些州應該脫離英國皇室統治，應該完全脫離與大不列顛的所有政治關係。」

最重大的書面決定

與會者對李的驚人提議進行了長時間的激烈討論，最後李漸漸失去了耐心。最終，經過幾天的辯論，他又一次起身，用清晰堅定的聲音宣佈：「主席先生，幾天來我們一直在討論這個問題。這也是我們可以選擇的唯一路線。那麼，先生，我們為甚麼還要再拖延下去？為甚麼還要猶豫不決？讓我們在這個快樂的日子裏創建美利堅合眾國吧。讓這個國家站起來吧，不是被征服和踐踏，歐洲的眼睛正盯着我們。它要求我們成為自由之典範，這將是民眾之大幸！而是要重建和平與法律的新秩序。」

在他的提議最終投票通過之前，李因為家人重病而回到了維吉尼亞。但他在臨走前，把自己的事業交給了他

的朋友湯瑪斯・傑弗遜。傑弗遜答應為此不懈努力，直到採取有助於這項事業的行動為止。不久，會議主席（漢考克）決定成立一個委員會，任命傑弗遜為主席，起草獨立宣言。

委員會為了這份文件付出了長時間的艱苦努力。如果大陸會議通過了這份文件，如果殖民地和大陸會議的戰鬥（這是接下來肯定會發生的事）失敗，每一個在這份文件上簽字的人，其實就是簽署了自己的死亡判決書。

文件擬定後，6月28日，大陸會議宣讀了這份草案。隨後幾天，經過討論、修改，最終產生了完備的文件。1776年7月4日，湯瑪斯・傑弗遜在大陸會議前，毫不畏懼地宣讀了這份最莊嚴的書面決定：

> 在人類歷史進程中，當一個民族有必要與另外一個民族解除政治關係，並認為在自然賦予人們的眾多許可權中，也有獨立與平等的權力時，基於對人類意志的尊重，他們應該宣佈他們想獨立的事業理想。

傑弗遜宣讀完畢，大陸會議投票通過了這份文件。56個人在這份文件上簽上了他們的名字，把他們的生命賭注押在了這個重大決定上。

分析《獨立宣言》背後的這些事件，我們有理由相信，這個在全世界享有權力和威望的國家，就誕生於這個56人智囊團的決定之中。應該特別注意這個事實：正是他們的決定，保證了華盛頓軍隊的勝利，因為這個決定中

的精神已經深深植入每個戰士的心中，成為他們心中的一種無懼無畏的精神動力。

還應注意（為了個人利益），賦予這個以國家自由的這種力量，正是每個希望自己掌握命運的人必須運用的力量。**這種力量由本書中講到的原則構成**。《獨立宣言》這個故事中，不難發現其中的六條原則：**欲望、決心，信心、毅力、智囊團和精心策劃**。

有所想，才能有所得

有了這種哲學觀，我們就會相信，強烈欲望支持下的意念很可能會把欲望變為客觀現實。在上面這個故事中，以及在美國鋼鐵公司的組建故事中，都詳盡地描述了讓意念發生驚人轉變的方法。

尋找這種方法的秘訣時，不要期待找到奇跡，因為你永遠也不可能找到奇跡。你能發現的只有不朽的自然法則。這些法則適用於有信心、有勇氣接受它的所有人。這些法則可以給一個國家帶來自由，也可以讓人積累大筆財富。

那些果斷作出決策的人，都知道自己想要甚麼，往往也能得到想要的東西。各行各業的領導者都是那些能果斷下定決心的人。這正是他們之所以成為領導者的主要原因。那些言行之間顯示出果斷知道自己方向的人，世界也會為他們開路。

猶豫不決通常是在青少年時期形成的習慣。這種習慣非常頑固，它會讓一個人渾渾噩噩地讀完小學、中學甚至

大學。這也是當前教育制度的一大缺陷。

　　猶豫不決的習慣還會影響一個人選擇職業（當然，如果他真的選擇了自己的職業的話）。一般來說，剛離開校門的學生，能找到甚麼職業就選擇甚麼職業。他會接受找到的第一個職業，因為他無法擺脫猶豫不決的習慣。今天，在為生計而工作的人中，有98％的人之所以處於原來的職位止步不前，是因為他們不能下定決心，為自己規劃一個確定的職位，他們也不知道如何選擇自己的僱主。

　　果斷的決策能力常常需要勇氣，有時還需要極大的勇氣。簽署《獨立宣言》的56個人，就把自己的生命賭注押在了簽署這份文件的決定上。那些明確決定尋求某項職業的人，希望從生活中獲得想要的回報，他們不會用生命作為賭注，他們賭的是經濟上的自由。經濟上的自立、財富、理想事業和專業職位，對於那些不在乎或不願期待、規劃或需要這些東西的人來說，是永遠得不到的。如果你用撒母耳‧亞當斯渴望殖民地自由的精神來追求財富，那麼一定會發財致富。

成　功　人　士
checklist

☑ 如果你總受別人觀點的影響，你就沒有自己的欲望。

☑ 說得好不如做得好。

☑ 力量由六條原則構成：欲望、決心，信心、毅力、智囊團和精心策劃。

毅力

只有少數人才會無視一切逆境，
堅持不懈，最終實現目標。

A few carry on despite all opposition,
until they attain their goal.

普通人：
若我嘗試失敗，
別人會批評我無能。

成功的人：
每次失敗都是另一次成功
的種子。

致富第八步 —— 堅持不懈是信心的源泉

在將欲望變為金錢的過程中，毅力是必不可少的因素。毅力的基礎是意志力。

意志力如果與欲望適當地組合在一起，就會產生一種不可抗拒的力量。有志積累巨額財富的人往往被別人視為冷血或無情，也常常被別人誤解。這種人往往將自己的意志力與毅力融合在一起，並用欲望作為實現目標的保證。

多數人一遇到挫折和不幸就試圖放棄自己的目標，半途而廢。只有少數人才會無視一切逆境，堅持不懈，最終實現目標。

「毅力」一詞沒有超乎尋常的含義，但這種品質對於一個人的性格，就像碳素之於鋼的關係一樣。

財富的積累通常要運用本書所講哲理的全部 13 個因素。所有希望取得財富的人，必須理解這些原則，並用毅力保證這些原則的堅持不懈地得以實施。

測試毅力

如果你讀本書的意圖是希望運用本書傳達的知識，那麼讀到「欲望」一章提到的六個步驟時，你就會遇到毅力考驗。**所有人當中，只有 2% 的人在朝着明確的目標前進**，他們會制定實現目標的明確計劃。如果你不是其中之一，很可能你讀了那些要求後，仍舊按部就班地生活，根本不會按照那些要求去做。

缺乏毅力是失敗的重要原因之一。而且，數千人的經

驗表明，缺乏毅力是多數人的通病。通過努力，這個缺點也許可以戰勝，但能否克服這個缺陷完全取決於一個人的欲望程度大小。

繼續往下讀，到本書的結尾後再回看第2章，立即開始實施有關那六個步驟的要求。遵循這些要求的急切程度，能清晰地反映出你積累財富的欲望程度。如果你對這些要求反應冷漠，說明你還不具備應有的「金錢意識」，因而也不可能積累財富。

財富流向那些隨時準備接納它們的人，就像河水終歸大海一樣。

如果你認為自己毅力薄弱，那麼認真閱讀第十章「智囊團的力量」，在你身邊組建一個智囊團，通過這群人的共同努力，你就會產生毅力。在「自我暗示」和「潛意識」這兩章中，也講到了培養毅力的方法。按照這些方法去做，直到你的習慣能把你欲望目標的清晰圖畫傳達給潛意識。做到這一點後，你就再也不會受到缺乏毅力的困擾了。

你有「金錢意識」還是「貧窮意識」

不管你是醒着，還是睡覺，潛意識都會一刻不停地工作。

斷斷續續或偶爾運用這些原則對你沒有用處。要得到滿意的結果，必須遵循所有的原則，直到它們變成你的固定習慣。這是培養「金錢意識」的唯一途徑。

貧窮鍾情於那些安於貧窮的人，同樣，財富垂青於那

些隨時準備吸收財富的人。貧窮意識會自動地佔據那些沒有金錢意識者的思想。貧窮意識毋須有意培養就會自動形成，而金錢意識則必須刻意培養，除非一個人天生就有這種意識。

充分理解上一段話的重要性，你就會明白毅力在積累財富過程中所起的重要作用。一個人如果沒有毅力，在開始行動之前，可能就已經失敗了。有毅力，才會取得成功。

做過一場噩夢，你就會懂得毅力的價值。你躺在床上，半夢半醒，感到快要窒息。你無力翻身，一動也動不了。這時候，你意識到，必須找回控制肢體的力量。通過意志力的不斷努力，你終於可以活動一隻手的手指了。你繼續不斷地活動手指，然後有了控制手臂的力量，最後，你竟然能舉起手臂。然後，以同樣的方式，你也能控制另一條手臂的活動。接下來，你可以自由地活動一條腿了，然後是另一條。接着，你用極大的毅力，完全控制了整個肌肉系統，從噩夢中「掙脫」出來。奇跡就這樣一步一步產生了。

「掙脫」思想惰性

你可能發現，要「掙脫」精神惰性，也需要類似的過程。一開始動作要慢，然後逐漸加快速度，直到完全掌控你們的意志力。不管進展有多慢，都要堅持不懈。只要有毅力，就能成功。

如果你精心挑選了自己的「智囊團」，那麼其中一定

會有人能幫助你變得有毅力。有些積累巨額財富的人就是這樣做的,他們認為有這個必要。他們之所以能養成堅韌的習慣,是因為他們受環境驅使,必須變得堅韌不拔,否則難以生存。

那些形成毅力習慣的人似乎對失敗免疫。無論經歷多少挫折,他們總能到達理想的彼岸。有時,好像冥冥之中有個看不見的嚮導,它的任務就是檢驗一個人能否經得起挫折的考驗。那些跌倒了再爬起來繼續前進的人,最終會到達目的地,全世界都會為之歡呼,「太棒了,我就知道你行!」不經過毅力這一關,看不見的嚮導不會輕易讓任何人享受成功的喜悅。如果經受不起這個考驗,那麼註定與勝利無緣。

那些能經受住毅力考驗的人會因之而得到豐厚的回報。無論追求的目標是甚麼,他們總能取得成功,這是對他們的補償。回報還不僅僅是這些,他們還會得到比物質補償更重要的東西,即他們懂得了「**每一次失敗都蘊藏着一顆帶來同等利益的種子。**」

把失敗踩在腳下

這個規律也有例外,少數人根據自身經驗懂得了毅力的重要性。對他們來說,失敗只是暫時的,他們堅持不懈地讓欲望開花結果,最終失敗也會轉化做成功。從旁觀者的角度來看,我們會發現,絕大多數人會在失敗中沉淪,從此一蹶不振。只有極少數人把失敗的懲罰視為更為強大的動力。令人欣慰的是,他們從不甘心接受生活中的

困境。但是，我們看不到，多數人也不會心存懷疑的，是那種支持人們在挫折面前繼續抗爭的無聲但不可抗拒的力量。這種力量，就是我們所說的毅力。我們都知道，一個人如果沒有毅力，幹甚麼事都不會取得成功。

寫到這裏，我抬起頭來，看着前方。在不到一個街區遠的地方，是神秘的百老匯，它是「希望破滅的墳墓」，也是「機會的舞台」。世界各地的人湧向百老匯，尋找名聲、財富、地位、愛，或者人類稱之為成功的任何東西。偶爾有人會從眾多「尋夢者」中脫穎而出，那麼全世界都會聽到又有一個人統治了百老匯。但是百老匯並不那麼容易、那麼迅速就被征服。她歡迎人才，能識天才，並給努力者以豐厚的回報，但前提是這些人永不言棄。

於是我們可以說，這樣的人發現了征服百老匯的秘訣。秘訣對另一個名詞沒有甚麼秘密可言，那就是「毅力」。

在范妮·赫斯特的奮鬥歷程詮釋了這個秘訣。她用毅力征服了這條白色大道。1915 年，她來到紐約，希望用自己的寫作創造財富。這個過程進展得很慢，但目標終於實現了。赫斯特用了 4 年時間，從第一手經歷中了解了紐約人的生活。她白天寫作，晚上憧憬希望。當希望暗淡時，她並沒有說：「好吧，百老匯，你贏了！」而是說：「很好，百老匯，你可以打敗有些人，但不會打敗我。我一定會讓你屈服。」

一家媒體（《星期六晚報》）曾 36 次拒絕刊登她的文章，但最終她破繭而出，讓讀者知道了她。一般作家，就像其他行業中的一般人那樣，可能第一次受到拒絕，就會

放棄自己的事業。她在這條道路上奮鬥了 4 年，因為她下定決心一定要成功。

接着生活給了她巨大的回報。魔咒已被打破，范妮·赫斯特經受住了「無形的嚮導」的考驗。此後，出版商絡繹不絕地找到她，財源滾滾而來。接着，電影人也發現了她。這時，金錢有如洪水般向她湧來。

簡而言之，你已經知道了毅力能讓人取得成就。范妮·赫斯特並不是例外。不管一個人怎樣聚集了大筆財富，有一點可以肯定，這個人必須首先有堅定毅力。百老匯會隨便給一個乞丐施捨一杯咖啡和一個三文治，但對於那些追求遠大夢想的人，則必須讓他們付出巨大的毅力。

凱特·史密斯如果讀到這裏，一定深有同感。儘管她站在麥克風之前已經唱了很多年，但她既沒有掙到錢，也沒有身價。百老匯對她說：「如果你能握住麥克風，就來拿吧。」終於，那個快樂的日子來到了。百老匯不耐煩了，說：「給你又有甚麼用？不知道甚麼時候你就會被打敗，那就開出你的身價，去拼命努力吧。」史密斯小姐開出了想要的價錢。這是一個相當可觀的價錢。最終她如願以償了。

毅力可以培養出來

毅力是一種心態，是可以培養的。與所有的心態一樣，毅力的形成有着明確的原因，包括以下幾種因素：

1.明確的目的。培養毅力的第一步，可能是最重要的一步，是知道自己想要甚麼。強烈的動機會驅使人克服任

何困難。

2. 欲望。如果對追求的目標充滿強烈的欲望，相對而言，比較容易形成並保持毅力。

3. 自信。相信自己有能力實施一項計劃，這種信任會激勵人堅持不懈地貫徹計劃。

4. 明確的計劃。條理清晰的計劃，哪怕計劃不周或並不完全可行，也會激勵人的毅力。

5. 認清自我。知道自己的計劃非常可靠，再加上經驗或間接知識，會激勵人的毅力。如果不「認清自我」，而只靠「主觀臆斷」，就會毀掉一個人的毅力。

6. 合作。對他人的同情、理解，以及密切的合作往往有助於毅力的培養。

7. 意志力。集中精力為實現一個確定的目標而擬訂計劃，這種習慣會使人產生毅力。

8. 習慣。毅力是習慣的直接產物。我們每天向大腦發出指令，完成每天要做的事情，大腦會記住這些經歷，而且使思想成為每天經歷的一部分。恐懼，這個人類最大的敵人，可以通過不斷重複勇敢的行為而被克服。

評估自己的毅力

結束毅力這個主題之前，來評估一下你自己，看看如果你缺乏這種品質，那是在多大程度上不足。一點一點地審視自己，看看自己缺少以上 8 個因素中的哪一些。這項分析會讓你重新認識自我。

在這裏，你會找到阻止你取得卓越成就的真正敵

人。在這裏,你不僅能找到反映毅力不足這一問題的「症狀」,還能找出導致這個不足的根深蒂固的潛意識原因。如果你希望認清自己,認清自己的能力,就要認真分析下面的清單,客觀地審視自己。所有希望取得財富的人,必須克服以下弱點:

1. 不能認清並確定自己想要的究竟是甚麼。

2. 有理由或沒有理由的拖拉習慣(常常會有一大串託辭或藉口)。

3. 對獲取專業知識毫無興趣。

4. 優柔寡斷,不正視問題,不管在甚麼情況下都有推諉的毛病。

5. 出現問題時,不是積極尋求解決辦法,而是推卸責任。

6. 自滿。這是一種很難克服的頑症。

7. 缺乏熱情。通常它的表現是,在任何情況下都很容易妥協,而不是積極面對,與之抗爭。

8. 因為自己的錯誤責備別人,消極被動地接受逆境。

9. 由於動機不明確,因而沒有強烈欲望。

10. 一遇到挫折,就迫不及待地放棄(由於六種恐懼中的一種或多種)。

11. 沒有條理清晰、詳盡分析的正式計劃。

12. 構想或機會出現時,無動於衷。

13. 只有願望,而無行動。

14. 安於貧窮,而不努力致富。一般來說就是沒有雄心抱負,不想成為自己想做的人,不想做想做的事,不想擁有想要的東西。

15.四處尋找致富捷徑，不想付出應有的努力，通常表現為賭博習慣，總想絞盡腦汁一夜暴富。

16.害怕批評，受別人的想法或言行影響，不能制定並實施自己的計劃。這個敵人位於所有缺點之首，因為它通常在人的潛意識中，我們很難發現它的存在（參見「15 六種恐懼」一章）。

害怕批評症狀

讓我們看一看害怕批評的幾種表現。總體來説**多數人甘受親人、朋友和其他人的影響，沒有勇氣過自己想要的生活，因為他們害怕批評。**

不少人選擇了錯誤的人生伴侶，夫妻之間矛盾不斷，痛苦而不幸地度過一生，因為他們害怕糾正婚姻中的錯誤會招致批評。任何有這種擔心的人都知道它無窮後患，因為它會毀掉你的鬥志，讓人失去進取的欲望。

很多人離開學校後疏於進一步接受教育，因為他們害怕批評。

無數男女老少任憑親人以責任為名義，毀了自己的生活，因為他們害怕批評。負責任，並不需要任何人毀掉自己的抱負，剝奪追求自己想要的生活的權利。

人們不願嘗試生意中的機會，因為怕如果失敗會遭到別人的批評。在這種情況下，害怕批評比對成功的渴望更為強烈。

太多的人不願樹立遠大的目標，甚至不認真選擇一個職業，因為他們害怕親人和「朋友」批評他們説：「不要

好高驚遠，別人會笑話你的。」

當時，安德魯‧卡耐基建議我用 20 年時間總結個人奮鬥的成功學理念，我的第一反應是害怕人們會怎麼評說我。卡耐基的建議為我設定了一個目標，這是我以前從未想過的。

當時幾乎不加思索，我的腦子裏就想出了各種託辭和藉口，歸根結柢，這都是因為內心深處害怕批評。我內心有個聲音在說：「不能這樣做，因為這項任務太艱巨，需要投入太多時間。而且，你的家人會怎樣看待你？你將以何為生？還沒有人組織一套成功學理念，你憑甚麼說自己能行？你是甚麼人，竟有這麼大的口氣？不要忘了自己是幹甚麼的，你懂得甚麼理念？別人會認為你瘋了（確實如此），要不以前別人怎麼從沒這樣做過？」

這些問題和許多別的想法一同湧入我的腦海，讓我不得不考慮。這時候，好像全世界的注意力突然間都轉向了我，都在嘲笑我，想讓我放棄實施卡耐基先生建議的所有欲望。

當時，在我的抱負還沒有完全控制我之前，我完全有機會將它扼殺掉。後來，我留意分析過很多人，發現大部分人的構想剛形成時，根本沒有生命力，它需要明確的計劃和迅速的行動，為它注入生命的氣息。呵護一個構想要從它剛剛形成時開始。只要它存在一分鐘，就要給它一分生存的希望。害怕批評是多數構想破滅的根本原因，它使構想永遠也無法進放到計劃和行動階段。

機遇可以訂做

很多人認為，物質上的成功是天賜良機的結果。這種看法有一定根據，但那些完全依靠運氣的人幾乎總是會失望，因為他們忽視了成功必須具備的另一個重要因素。它就是訂做機遇所需的知識。

大蕭條時期，喜劇演員 W · C · 菲爾茲幾乎損失了所有的錢，沒有了收入來源，沒有了工作，過去賴以生存的方式（雜耍）已不復存在。而且，那時他已年逾花甲，在許多人眼裏，已經是風燭殘年了。他渴望東山再起，他主動要求在一個新領域（電影業）裏做義工。他的事業進展艱難，而且還摔傷了頸部。對許多人來說，應該放棄，但是菲爾茲依然堅持不懈。他知道，如果堅持下去，總有一天機遇會降臨到自己頭上。最後，他果真得到了機遇。

瑪麗 · 德雷斯勒快到 60 歲時，發現自己落魄潦倒，沒有錢也沒有工作。她也去尋找機遇，並且得到了機遇。她的毅力讓她在晚年獲得了驚人的成功，而一般人認為，她當時早就過了實現抱負的年齡。

1929 年股市崩盤時，埃迪 · 坎托賠掉了所有的錢，但他沒輸掉毅力和勇氣。憑藉這些，再加上一雙與眾不同的眼睛，他為自己贏得了一週 1 萬美元的收入！的確，如果一個人有毅力，即使沒有其他品質，也可以一帆風順地發展。

機遇都是自己創造的。機遇來自毅力，其出發點是明確的目的。

隨機調查一下你最先遇到的 100 個人，詢問他們生活

中最想要的是甚麼，其中有 98 人會答不上來。如果你進一步追問，有些人會説「安全」；很多人會説「金錢」；有幾個人會説「幸福」；有人會説「名譽和權力」；還有人會説「社會認同感 —— 生活舒適、能歌善舞、精於寫作」；但是沒有人能明確解釋這些説法，或者粗略説明實現這些模糊願望的計劃。財富不會自動回應願望，只能通過強大的欲望的力量，輔以持久的毅力和明確的計劃，才能得到回應。

如何培養毅力

培養毅力，需要經 4 個簡單步驟。這些步驟毋須過多的智慧和知識，也毋須太多時間和努力。這些必要的步驟是：

1. 在強烈的欲望驅使下，擁有明確的目的。
2. 不斷用行動實現明確計劃。
3. 不受消極懈怠思想的影響，包括來自親人、朋友和熟人等思想的消極影響。
4. 結交一個或幾個能鼓勵你依照計劃和目標行事的人。

不管在甚麼領域取得成功，都需歷經這 4 個步驟。本書理念的 13 個原則就是為了讓讀者把這 4 個步驟變為自己的習慣。

遵循這四個步驟，就可以掌握自己的經濟命運。

遵循這四個步驟，就可以獲得思想自由和獨立。

遵循這四個步驟，就可以實現小康或成為巨富。

遵循這四個步驟，你就會有機遇。

遵循這四個步驟，就會把夢想變為現實。

遵循這四個步驟，就會戰勝恐懼、沮喪與冷漠。

遵循這四個步驟的人一定會得到巨大的回報。

它讓一個人掌握了自己的命運，讓生活提供我們想要的一切。

如何克服困難

是甚麼神秘力量促使堅毅的人戰勝困難？難道毅力可以在你心中進行某種超凡的心靈或化學活動，使你獲得超自然的力量？是不是無窮智慧青睞那些無論受到甚麼挫折依然抗爭到底的人？

觀察了亨利·福特等人之後，我心中不禁浮現出類似的問題。亨利·福特白手起家、開始起步時，除了毅力以外，一無所有，後來卻締造了龐大的工業王國。湯瑪斯·愛迪生只受過不到三個月的學校教育，卻成為世界最頂尖的發明家，並憑着毅力發明了留聲機、電影機和燈泡，更別提其他五十多種有用的發明了。

我很高興有幸分析愛迪生和福特先生，也因此有幸近距離研究他們，所以我說，在他們兩人身上除了毅力以外找不到任何特質可以與其驚人成就密切相關。這可是經過一番千真萬確的了解之後才說的。

　　只要對成功者進行客觀的研究，就會自然而然地得出
這個結論：**毅力、專心致志和明確的目標，是他們成功的
主要因素。**

成 功 人 士

☑ 所有人當中，只有 2% 的人在朝着明確的目標前進。

☑ 每一次失敗都蘊藏着一顆帶來同等利益的種子。

☑ 多數人沒有勇氣過自己想要的生活，因為他們害怕批評。

10

智囊團的力量

**兩個人的智慧加起來，
一定會產生第三種看不見的無形力量。**

No two minds ever come together without, thereby,

creating a third, invisible,

intangible force which may be likened to a third mind.

普通人：
我自己努力就好了……

成功的人：
盡量聚集有共同理念的
人才！

致富第九步 —— 致富驅動力

力量對成功致富至關重要。

如果沒有足夠的力量支持，計劃就毫無生氣、毫無意義。本章將討論獲取這種力量並應用這一力量的方法。

力量可以解釋為「有組織且靈活運用的知識」。這裏所說的力量，指的是「有組織的努力」，這種努力足以將個人欲望轉化為金錢或同等價值的東西。「有組織的努力」是由兩個或更多人共同合作而產生的，這群人本着和諧的精神為一個共同的明確目標而努力工作。

積累財富需要力量！得到財富後，守住財富也需要力量！

我們一起來探究如何獲得力量。如果說力量是有組織的知識，那麼我們來分析一下獲取知識的來源：

1. 無窮智慧。在創造型想像力的幫助下，用「06想像力」一章的步驟，可以獲得。

2. 積累的經驗。人類積累的經驗（或經過組織和記錄的部分）可在設備良好的公共圖書館中找到。高等院校也會將這種經驗的重要部分分類整理後傳授給學生。

3. 實驗和研究。在科學領域以及各行各業中，人們每天都在收集、分類和整理新的事件。當知識無法通過「積累的經驗」而獲得時，就要轉向這種來源。這時，也經常要運用創造型想像力。

知識可以通過以上任何一種渠道獲取。這些知識經過整理，變成了明確的計劃後，再將計劃付諸行動，知識就能轉化為力量。

審視這兩個主要的知識來源，不難發現，單憑自己的力量收集知識，然後再通過明確的行動計劃去實現它，將會遭遇巨大的困難。假如計劃全面、周密，通常都需要別人的合作，才能為這些計劃注入必要的力量。

通過「智囊團」獲取力量

「智囊團」可以定義為「兩人或兩個以上的人為實現一個明確的目標而同心協力、團結一致，在知識和精力上的合作」。

如果沒有「智囊團」的幫助，個人無法擁有強大的力量。在前面一章中，我們講到為了把欲望轉化為金錢對等物，應該如何制定計劃。如果你持之以恆而且靈活地遵循這些要求，在選擇「智囊團」成員時有慧眼識人，那麼你有可能在尚未採取實質性行動之前，已經實現了一半目標。

因此，適當選取「智囊團」成員，你就可以更好地理解這種可以利用但又無形的力量潛能。在此，我們將解釋智囊團原則的兩個顯著特點：一個是經濟上的，一個是精神上的。經濟特徵顯而易見。如果一個人身邊圍繞着一群團結一致、真心實意幫他的人，給他提供建議、計策以及個人合作，那麼在經濟上就擁有別人不具備的優勢。這種合作聯盟幾乎是獲取任何巨額財富的基礎。了解這一重要事實，可能決定你的經濟地位。

智囊團原則的精神層面則較抽象難解。「兩個人的智慧加起來，一定會產生第三種看不見的無形力量，我們

可以把這種力量比喻為第三個人的智慧。」也許從這句話中，你能得到重要啟示。

宇宙是由物質和能量構成的。

人類的大腦是一種能量形式，其中一部分在本質上是精神的。當兩個人的智慧協調一致時，每一個人的大腦的精神能量部分會形成一股吸引力，從而形成了智囊團的「精神」層面。

智囊團原則，或者更確切地說是其經濟特性，是由安德魯·卡耐基在五十多年前最先引起我注意的。這項原則的發現讓我作出了一個終生選擇。

卡耐基先生的智囊團成員由大約 50 人組成，為了製造和銷售鋼鐵這個明確目標，他將他們召至麾下。他也將自己全部財富的獲得歸功於這個「智囊團」產生的集體力量。

分析任何一位成為「巨富」或「小富」的人的經歷，你會發現，他們都有意無意地使用了「智囊團」原則。

除此之外，沒有別的原則可以積累強大的力量！

如何增強智慧

人的大腦可以比做一個電瓶。我們知道，一組電瓶提供的電量大於一個電瓶的電量。我們還知道，單一一個電瓶提供的電量與電瓶包含的電池數量與電池容量成正比。

人腦也是以類似方式發揮作用的，這也解釋了為甚麼有的人比別人更高效，說明一組同心協力、精誠合作的頭腦提供的思想能量大於單一頭腦所能提供的能量。就

像一組電瓶提供的能量會超過單一電瓶所提供的能量是一樣的。

通過這個比喻，可以明顯地看出，**智囊團原則就是善用他人的智慧與自己智慧結合在一起**，這正是獲得力量的秘訣。

接下來的另一種說法將使你更進一步地了解智囊團原則的精神層面：當一群人的頭腦通力合作時，這種組合提高的智慧能量一起發揮作用時，可供智囊團中的每一個成員共用。

我們知道，亨利‧福特是在貧窮、失學、無知的困境中開始他的職業生涯的。我們還知道，在不可思議的短短10年中，福特先生克服了這三大困難，不到25年，他躋身美國巨富之列。

除此之外，還有一個事實，就是福特先生是在成為湯瑪斯‧愛迪生的朋友之後，事業開始突飛猛進的。知道了這一點，就不難理解一個人對另一個人的影響之大。進一步想一想，福特先生最傑出的成就始於他認識了哈威‧費爾斯通、約翰‧伯羅斯和盧瑟‧伯班克之後（這些人都具有極高的智慧）。這樣，你就能進一步懂得，偉大的力量可以通過智慧的友善結盟而產生。

本着和諧相處的精神與他人交往，**人們會在無形中學到朋友的秉性、習慣和能力**。通過與愛迪生、伯班克、伯羅斯和費爾斯通等人交往，福特先生為自己的頭腦加入了這四個人的智慧、經驗、知識和精神力量。更重要的是，他通過此書所敍述的步驟方法，恰當地運用了智囊團原則。

這一原則也適用於你！

羅斯福總統將美國最有才華的人召集到華盛頓，組建了一個被他稱為頭腦信託公司的智囊團。二戰期間及以後，政府和工業界的領導人經常召集被他們稱為思想庫的智囊團，幫助解決當前面臨的棘手問題。

我們之前已經提到過聖雄甘地。

讓我們研究一下他獲得驚人力量的方式。我們可以簡短地作一個解釋。

甘地團結兩億人為了一個明確目標同心協力，獲得了巨大力量。

簡言之，甘地創造了一項奇跡，一個引導兩億人而非強迫兩億人精誠合作的奇跡。假如你不相信這是個奇跡，請試着引導任何兩個人在和諧精神之下合作一段時間，多長時間都行，看看能否獲得成功。

任何企業的經營者都知道，讓員工以一種看似和諧的精神合作是何等困難。哪怕讓他們與和諧沾上一點邊，都沒有那麼容易。

剛才你已經看到，獲取力量的主要渠道中，排在最前面的是無窮智慧。當兩個或兩個以上的人和諧地連接起來並為某個明確目標共同奮鬥時，通過這種聯合，他們會讓自己處在一個有利的位置，能直接從無窮智慧那裏汲取偉大的力量。這個寶庫永不枯竭。每個天才都要依靠這個源泉獲取力量，這點有無數事實可以證明。

要想學到積累力量的知識，還有另兩個渠道，但它們都和我們的感覺一樣有時不可靠，五官感知有時靠不住，而無窮智慧卻從不犯錯。

積極情感的力量

　　金錢害羞且難以捉摸。你必須設法去追求它，贏得它，其方法就像追求意中人時所用的方法一樣。也許這是巧合，但是「追求」金錢和追求少女所需的力量其實並無多大差別。想要成功追求金錢時，在那股力量之外必須再加上信心、欲望與毅力。要應用這種力量，必須通過計劃，而且一定要將計劃付諸行動。

　　大筆財富滾滾而來時，它會像水往低處流一般輕鬆地流向積累財富的人。其中蘊藏着一股強大無形的力量洪流，可以把它比喻為一道河流，不同的是，河流的一端帶着進入其中的人向上向前，流往財富之地，另一端則帶着不幸掉入其中且無法脫身的人以反方向流向悲慘和貧窮。

　　每個積累巨額財富的人都已認識到這股生命巨流的存在。它是由個人思想過程組成的。**積極的思想情感會形成個人通往財富的那邊**。消極的情感則形成帶領個人流向貧窮的另一邊。

　　對於以致富為目標而遵循本書哲學的人，這一點傳達了一個極為重要的理念。

　　假如你被捲入流向貧窮的那一側洪流之中，那麼本書所提供的原則就是一支船槳，它會推動你流向另一側洪流中。只有加以應用，這些原則才可能發揮作用。如果只是閱讀，漫不經心地加以評判，無論你在力量的哪一邊，都對你毫無用處。

　　有些人曾經在力量流的正極和負極兩邊來回，一會在這邊，一會兒又在那邊。1929 年華爾街股市大崩盤將

數萬人從力量流的正極捲到負極一邊。這數百萬人奮力抗爭，希望回到力量的正極。

貧富經常易位。要把貧窮變為富裕，通常要通過設想周全、認真執行的計劃。貧窮不需計劃，也不需任何協助，因為貧窮是無情而魯莽的，財富則害羞而膽怯。它們必須被「吸引」才能得到。

成 功 人 士
· checklist ·

 智囊團就是善用他人的智慧與自己智慧結合在一起。

人們會在無形中學到朋友的秉性、習慣和能力。

 貧窮不需計劃，財富則必須被「吸引」才能得到。

Golden Rule **11**

性欲轉換的奧秘

**假如不用創造型的方式加以引導，
它就會以沒有甚麼價值的途徑發洩出來。**

If it is not transmuted into some creative effort it will
find a less worthy outlet.

成功的人：
以性和愛激發天才的能力！

普通人：
放縱情欲，揮霍無度。

致富第十步 —— 正確運用性的力量

簡單地說，「轉換」一詞的含義就是「將一種元素或能量形式改變或轉化為另外一種元素或能量形式。」

性的激情會轉變為一種精神狀態。

由於對這一問題的無知，人們通常將這種精神狀態與生理相關聯。而且由於多數人在獲取性知識時受到一些錯誤的影響，片面地認為它是純生理的東西，其實它與心理有很大的關係。

性激情隱含了三種潛在的建設性力量。它們是：

1. 人類的繁衍。

2. 保持健康（它的治療作用無可比擬）。

3. 通過轉化性欲力量，將庸才變成天才。

性欲的轉換很簡單，也容易解釋。它是一種心態的轉換，意思是把通過生理表現的意念轉化為其他意念。

性欲是人類最強烈的一種欲望。受這種欲望的驅使，人們會產生強烈的想像力、勇氣、意志力、毅力以及在其他時候所沒有的創造力。性接觸的欲望非常強烈和衝動，往往會使人沉溺其中，甚至甘願冒着生命和名譽的危險。如果加以控制，並向其他方向引導，這股力量就會保留其強烈的想像力和勇氣等性質，成為一種應用在文學、藝術或其他專業或工作上（其中當然也包括積累財富）的強大創造力。

性能量的轉換當然需要磨練意志力，不過帶來的回報是值得的。性欲的表達是天生、自然的。這種欲望無法也不該被埋沒或抹殺，但它應該通過有益於人類身體和精神

的表現方式來發洩。如果不能為他提供轉換的渠道，它就會通過純粹肉體渠道來尋找出口。

我們可以修築堤壩，在一段時間內控制河水的氾濫，但它終究能衝開一道缺口。性欲激情也是如此，它可以被壓抑一段時間，但其本質還是會決定他要不斷地尋求宣洩方式。假如不用創造型的方式加以引導，它就會以沒有甚麼價值的途徑發洩出來。

成就與性的關係

懂得如何通過某種創造型方式來發洩性激情的人的確很幸運。因為這一發現，讓他們有可能發現自己的天才。

科學研究揭示了以下重要事實：

1. 成就非凡的人具有高度的性魅力，而且他們熟練掌握了性欲轉換的技巧。

2. 巨富者以及在文學、藝術、建築與各種行業中獲得卓越成就的人，背後都有女性的力量在驅動他們。

這些結論是綜合兩千多年來偉人的傳記與歷史記載發現的，其中凡是有關重大成就獲得者的證據，都有力地表明，他們擁有強大的性魅力。

性激情是一種「不可抗拒的力量」，在這種力量的驅使下，沒有堅不可催的肉體。**在這種情緒驅動下，人會獲得一股內在的行動力量**。懂得了這一點，就能領悟「性欲轉換包含着創造力的秘訣」這句話的意義了。

無論是人還是動物，如果破壞了性腺，就等於除去了行動的主要源泉。要證明這一點，不妨觀察一下動物被閹

割後的情形。閹割後的公牛會變得像奶牛一樣溫順。閹割會使雄性動物（無論人或獸）喪失鬥志。去除雌性動物的卵巢也有同樣的效果。

10 種心理刺激物

人的心理會對外界刺激作出回應，這種激勵可以令大腦產生高頻的震波，即一般所謂的熱忱、創造型想像力、強烈的欲望等。最易於激發心理反應的刺激物有：

1. 表達性的欲望
2. 愛
3. 對名譽、權力、經濟利益或金錢的熾烈欲望
4. 音樂
5. 同性或異性間的友誼
6. 為了精神或世俗成就，兩人或多人組成的智囊團
7. 共同的苦難，如受迫害者的經歷
8. 自我暗示
9. 恐懼
10. 毒品和酒精

在以上清單中，居於首位的是性的表達欲望，它最能有效地「增強」大腦震波，是驅動行為的「車輪」。其中八種刺激物是自然且具建設性的，另外兩種是破壞性的。列出此清單的目的在於使你能夠對心理刺激物的主要來源，進行比較研究。從這項研究可以看出，性激情無疑是所有心理刺激物中最強、最有力的一種。

這種比較必不可少。因為它能證明一個觀點：**性能量**

的轉換能夠將一個人提升到接近天才的高度，不妨看看何謂天才。

有人説，天才是「留着長髮、吃古怪食物、獨居、供他人取笑」的人。更恰當的定義應是「天才，是懂得如何提升思想深度的人，因而他們能獲得一般思想程度所無法獲得的知識」。

善於思考的人對天才的這個定義難免有些疑問。第一個問題是：「一個人怎麼接觸一般思想無法取得的知識？」

第二個問題是：「是否存在只有天才才知道的知識來源，如果有，這些來源是甚麼？還有，究竟怎樣才能得到這些來源？」

我們將提供一些證據，你可以通過試驗自己來得到證實，而且，這樣做我們也就同時回答了這兩個問題。

「天才」是通過第六感培養出來的

第六感的存在事實已被人廣為接受。第六感就是創造型想像力。大多數人一生中從未使用過它，就算使用了，也只是偶然。只有相當少的人是有意且有目的地使用創造型想像力。那些能依個人意願主動使用它、而且是在了解其功用的情況下使用它的人就是天才。

發明界所有基本的或最新的原理都是通過創造型想像力發現的。

構想或者一般意念通過所謂的「靈感」閃現在腦海的，它們是從以下的一個或幾個來源產生的：

1. 無窮智慧。

2. 個人的潛意識。每一個通過五種感官之一到達大腦的感覺印象和意念衝動都存放在那兒。

3. 他人的想法。這個人通過有意識的思想表達了其意念、構想或觀念的輪廓。

4. 其他人的潛意識寶庫。

除此之外，沒有其他來源可以激發構想或「靈感」。

當大腦由於某種精神刺激而以一種極高的頻率震動時，創造型想像力能發揮最佳功能。也就是說，當大腦以一種比正常想法產生的震動頻率高得多的速度震動時，這種想像力的作用最大。

當 10 種刺激物中的一項或多項激發了頭腦的作用力時，它就能提升個人思想水準，使之超越一般的程度，也使一個人能夠擬想的意念深度、遠景和品質，超過了一般較低層次的思想所能到達的程度。這是個人在解決事業上的問題與處理專業事務時，他的思考能力所無法達到的層次。

通過任何一種心理刺激方式將思想水準提升到較高層次時，一個人的相對位置就好比登上了飛機居高臨下。飛到一定高度後，他就可看到地平線以外的景物，而這些景物平時在地面上是無法看到的。此外，一旦到達這樣的思想高度，平時為了三項基本要求（食、衣、住）奮鬥時會限制個人視野的刺激物，此時就無法再妨礙或束縛人了。在一個人現在所處的思想境界中，已經有效消除了日常的思想，正如隨飛機上升時，地面的山丘、峽谷以及其他視覺障礙頓時被拋在身後一樣。

一旦處在這種思想高度上，大腦的創造功能得以自由

發揮，供第六感發揮的道路已經暢通無阻，個人因而能接收到在其他環境下所無法得到的構想。「第六感」其實就是區分天才與普通人的一種能力。

培養創造力

創造力對於「個人潛意識」以外產生的原動力會變得更靈敏且更易於接受它們，個人越是使用這種能力，就越會依賴它，且需要它來產生意念衝動。只有經常使用，才能發展這一能力。

大家所說的「良心」完全是通過第六感來發揮作用的。

偉大的藝術家、作家、音樂家和詩人之所以偉大，是因為他們依靠創造型想像力，養成了從心底發出「細微聲音」的習慣。有「敏銳」想像力的人都知道，他們最好的構想都是來自所謂的「靈感」，這是一個不爭的事實。

有一位偉大的演說家之前沒有激起全場轟動，直到有一次，他閉上眼睛，完全依賴其創造型想像力。有人問他為甚麼在演講高潮到來前要閉上雙眼時，他答道：「只有那時，我才能根據從內心深處發出的聲音來說話。」

美國一位最成功、最有名的金融家在作決策之前，總是會閉上雙眼兩三分鐘。有人問他為甚麼這樣做時，他回答說：「閉上眼睛時，我能更好地將智慧源頭的力量引發出來。」

發明家如何產生好點子

馬里蘭州已故的埃爾摩・蓋茨博士發明了 200 多項有用的專利，其中多項專利基本上是通過培養與應用創造能力產生的。他的做法對有意獲得天才地位的人（蓋茨博士無疑屬於此類人物）而言既重要又有趣。蓋茨博士正是世上少數真正偉大但知名度並不高的科學家之一。

他在實驗室裏，設計了一個「個人溝通室」。這個小房間幾乎是完全隔音的，而且它的設計完全隔絕光線穿透進來。屋裏有一張小桌子，桌子上放着一小疊紙。桌前的牆壁上有一個控制光線的開關。當蓋茨博士想運用創造型想像力的時候，他就會進入這個房間，坐在桌前，關掉電燈，專注於正在發明對象的相關因素。他就這樣一動也不動地坐着，直到與發明有關的未知因素開始「閃入」腦海為止。

有一次，構想源源不斷地到來，他不得不寫了近三個小時。當想法不再泉湧時，他檢查筆記，發現上面詳細敍述了一些原則，而那些原則在科學界已知的資料中，找不到任何相同的東西。此外，問題的答案通過這種方式已巧妙地呈現在筆記中了。

蓋茨博士憑藉為個人或公司用以上方法「坐等構想」謀生。美國一些最大的公司會按照時數，來為他的「坐等構想」支付豐厚的費用。

推理之所以有缺陷，是因為它在很大程度上依靠個人累積經驗的引導。但個人通過經驗所獲得的知識並不一定都準確，而通過創造能力獲得的構想則可靠得多，因為其

來源要比推理的來源可靠得多。

天才的工作方法也適用於你

天才與平庸的發明者的最大差別，在於天才是通過創造型想像力的天賦工作，而那些平庸的發明家則完全不了解這一能力。科學界的發明家則會同時利用綜合型想像力和創造型想像力。

舉例來說，科學發明家會通過綜合能力（推理能力），組織綜合已知的知識或根據經驗得到的原則，以此來着手一項發明。如果他發現累積的知識不足以完成這項發明時，就會通過創造能力找到知識來源。這項工作的完成方式因人而異，但以下則是其中的必要條件：

1‧他會使用 10 項心理刺激物中的一種或幾種，或自選其他的刺激物來激勵自己，以使它發揮高於一般水準的功能。

2‧他會專注於發明對象的已知因素（已完成的部分），並在心中形成其未知因素（未完成的部分）的完美畫面。他會將此畫面牢記在心中，直到被潛意識接收，然後他會放鬆下來清除心中雜念，等待答案「閃入」腦中。

有時結果的獲得既清晰又迅速，有時則不然，這完全取決於第六感或創造力的狀態。

愛迪生先生在通過綜合型想像力嘗試了一萬多種不同構想組合之後，才讓創造型想像力走上正軌，到製造電燈泡的答案。發明留聲機時，他也有類似經驗。

大量的可靠證據表明，創造型想像力的天賦是存在

的。仔細分析一下各行各業中未受全面教育卻能成為行業
領導者的人便能找到證據了。林肯是偉大領袖中的突出
範例。他就是通過發掘、運用創造型想像力而成就其偉大
的。他之所以發現並開始運用這種能力，是因為他在遇到
安妮‧拉特利奇後體驗到了愛的刺激，這也是和研究天才
來源有關的重要事實。

性的驅動力

　　歷史上到處都記載，一些偉大領袖的故事：他們取得
的成就無一不受到女性的影響力。通過性欲的刺激，她們
喚起了這些領袖心中的創造力。拿破崙就是其中之一。受
到第一位妻子約瑟芬的激勵，他所向無敵，戰無不勝。當
判斷力或理性促使他拋棄約瑟芬時，他就開始走下坡路。

　　我們可以輕易舉出數十位美國人所熟知的人士，這些
人都是在妻子的激勵下登上成就巔峰。但當他們在權力金
錢的影響下，開始喜新厭舊後，他們就會江河日下。性的
影響力比理性創造的任何替代之物更為強大，認識到這一
點的並非拿破崙一人。

　　人腦會對刺激作出反應！有所有的刺激中，性刺激是
最大最強的刺激。如果能加以控制且轉換得當，這股動力
可以把個人提升至較高的思想領域，使人能夠掌控在較低
思想層次上產生焦慮與煩惱的來源。

　　為了加深印象，我們通過一些人的傳記得到了相關事
實。在此提出一些成就卓越人士的名字，他們都被公認為
具有高度的性魅力。他們的天才無疑是從性欲轉換中找到

了力量源泉，這些人包括：

喬治‧華盛頓

湯瑪斯‧傑弗遜

拿破崙‧波拿巴

亞伯特‧哈伯德

威廉‧莎士比亞

亞伯特‧加里

亞伯拉罕‧林肯

伍德羅‧威爾遜

拉爾夫‧愛默生

約翰‧佩特森

羅伯特‧彭斯

安德魯‧傑克遜

恩里克‧卡盧梭

　　你也可以根據傳記資料自己續寫這份名單。如果有可能，請試着在整個文明歷史中，找出一個在某一行業中成就傑出、但不善於運用性魅力的人。假如不想參照前人的傳記，那麼列出你所知的當代人士，然後看看能不能在其中找出一位不善於運用性魅力的人。

　　性能量是所有天才的創造能量。過去從來沒有，將來也不會有任何一個偉大領袖、建築師或藝術家，不具備這種性魅力。

　　當然，也不會有人因此錯誤地認為，所有具備高度性魅力者都是天才。只有通過想像力的創造性，讓它激勵我們的智慧，使之能汲取一切力量，才能成為天才。產生這種「提升自我」的刺激物的，最主要的就是性能量，但只

擁有這股力量還不足以成為天才。只有將這股能量從肉體接觸的欲望轉化為其他欲望和行動後，一個人才能提升至天才層次。然而，大部分人不但無法因為強烈的性欲望成為天才，反而因誤解以及濫用這股強烈的力量而把自己貶為低等動物。

為何成功總在 40 歲之後

通過不下兩萬五千人的分析，發現成就斐然的人士很少在 40 歲之前功成名就，比較常見的是，其中多數人是在 50 歲之後才取得這種成就和地位。這一事實讓人驚訝，所以我仔細地探究了其中的原因。

研究結果顯示，大部分人之所以無法在四五十歲以前成功，因為他們沉緬於以肉體方式表達性激情，以致耗費精力。大部分人永遠不會懂得性欲望的潛力，而且其重要性遠遠超過生理表現的重要性。而了解這一點的人也多半是在四五十歲之前的性能量高峰期浪費了許多時間，才醒悟過來。認識到這一點之後，矚目的成就也就指日可待。

許多人直到 40 歲甚至 40 好幾歲還是生活頹廢，無所作為，而那些精力原本可以通過恰當引導轉化為更有益的管道上。他們精力充沛、頭腦敏銳的時期都被自己揮霍掉了。「年輕放蕩」這句話就是由男性這種習慣產生出來的。

總之，性的欲望無疑在人類情感中最強烈且最具驅動力的情感，正因為如此，這股力量如果經過控制並轉換為生理表達之外的其它行動方式，一個人就可以得到自我提升，從而取得偉大成就。

最強大的心靈刺激物

歷史上不乏這樣的例子，有人拿酒精和麻醉劑等當作刺激物，使自己獲得靈感。愛倫·坡在酒的作用下寫出了《烏鴉》一詩，「夢到了凡人從來不敢做的夢」。詹姆斯·惠特科姆·賴利也在酒後寫出了自己的傳世佳作。或許就是這時候，他才看到了「現實與夢境的理想結合，河上的磨坊，溪上的薄霧」。

但也不要忘記，這些人有許多到最後終究毀了自己。大自然準備了玉液瓊漿，供人們盡情地激發心智，使其轉化為超凡脫俗、積極向上的思想，而沒有人知道這些思想來自哪裏。至今還沒有甚麼東西能取代令人滿意地大自然的激勵。

人的情感統治着這個世界，決定着文明的命運。人們的行為與其說受到理智的影響，不如說更受「情感」的影響。創造能力完全靠情感的促動來賦予它行動，而不是靠冷酷的理智。人類情感中最強有力的就是性激情。當然也有其他心理激勵物（有些已列出來），但其中任何一項，甚至它們的總和都無法和性驅動力相提並論。

暫時或永久提升思想強度的任何影響力都是心理刺激物。前面列舉的 10 種主要刺激物是最常用的一些刺激力量。通過這些力量源泉，個人可以隨意進入自己或他人的潛意識寶庫，這就是產生天才的過程。

個人魅力的寶庫

一個培訓指導過三萬餘名銷售人員的老師，有一項令人驚訝的發現，即高度性感的人通常是最具效率的推銷員。唯一的解釋便是，一般稱為「個人魅力」的個性因素正是性的能量。高度性感的人總是有更強的吸引力。通過培養和了解這股強大的力量，可以有力地推動人際關係。這股能量可以通過以下媒介傳達給他人：

1. 握手。手的接觸可以立即顯示一個人是否有吸引力。

2. 聲音語調。魅力或性的力量能使聲音悅耳迷人。

3. 姿勢和舉止。高度性感的人行動輕快而且優雅悠閒。

4. 思想的悸動。高度性感的人會把性的情感與思想融合起來，或者可以按照自己的意願揮灑自如，而且還可以以這種方式影響身邊的人。

5. 外表修飾。高度性感的人通常非常注重自己的外表。他們選擇的服裝風格，總是適合自己的個性、身材和膚色等。

精明的銷售經理在僱用推銷員時會將個人魅力作為推銷員的「第一條件」。缺乏性魅力的人永遠無法充滿熱忱，也無法用熱忱去激勵別人。無論你想推銷的是甚麼，熱忱都是其中最重要也最不可缺少的因素。

如果公眾演說者、辯論家、律師或推銷員缺乏性魅力，那麼就其影響他人的能力而言，會是個「大缺陷」。多數人只有在情緒被調動起來後才會受到別人的影響，理

解了這點,你就會明白,性魅力作為推銷員的必備能力是很重要的。推銷大師之所以精通推銷術,是因為他們有意或無意地將性魅力轉化為銷售熱情!性欲轉換的真正意義,或許從這個說法中可以得到一個實際的反映。

推銷員如果懂得將心思從性的主題上轉移,而將之轉變為推銷中的熱忱和決心,他就已經獲得性欲轉換的技巧了(無論他自己知道與否)。大部分成功轉化性欲的推銷員並沒有意識到自己在做甚麼,或者自己是怎樣做到的。

轉換性能量需要非凡的意志力,而這超過了一般人為此目的而付出努力的意願。如果你覺得很難拿出足夠的意志力,可以逐漸地培養這一能力。雖然這需要意志力,但所得的回報卻遠勝過所做的努力。

關於性的謬論

對於性的這個話題,大部分人都表現出不可原諒的無知和誤解。性衝動也基本上被無知和心術不正的人誤解、誹謗和諷刺。

一般認為有幸享有 —— 沒錯,是很幸運 —— 突出性魅力的男女通常被視為引人注目的一群。而事實上,他們通常受到非議,而不是讚譽。

即使在這個文明的時代,仍有千百萬人錯誤地認為性力量是一種不幸,而形成了自卑感。這些稱讚性能量的說法當然也不應理解為是在為放蕩辯護。唯有在明智、有辨別力的情況下,性激情才能成為一種美德。它可能經常被誤用,其結果不但無法豐富身心,反而貶低了它。

作者發現，幾乎每一位成就卓著的偉大領袖都深受一位女性的激勵。而且在許多情況下，「當事的女主角」通常都是個謙遜克己的妻子，而且大眾對她們知之甚少，甚至完全不了解。

性無度和酗酒暴食一樣有害。在我們這個年代，性放縱已經很尋常了。這也是一些偉人的缺點，沉於酒色時，人的想像力不能有效的開發利用。

每個明事理的人都知道，酒和吸毒的過度刺激是一種毀滅性的放縱方式。然而，卻有很多人不知道，過度沉溺於性也可能成為一種習慣，它對創造性而言，就如酒精或毒品一樣具有破壞性。

一個着迷於性的人和沉迷於毒品的人其實沒有甚麼兩樣！兩者喪失了控制其理性與意志力能力。很多妄想症（一種幻想的疾病）的病例就是由於對性的真實功能無知，因而養成不良習慣而導致的。

對性欲轉換的分析不難看出，對這一轉換的無知，一方面會使無知者受到嚴厲的懲罰，另一方面蘊藏着豐厚的利益。

對性的普遍無知，在於這個話題一直被籠罩在神秘和禁忌中。神秘和禁忌對年輕人心理的影響，有如禁令產生的心理狀態。結果，這個「禁忌」話題更激發了好奇心與深入了解的渴望，然而，所有訓練有素的立法者和多數心理學家，最有資格教導青年人，慚愧地是，這方面的知識一直都不易為公眾所取得。

40 歲以後的成功

很少有人在 40 歲以前就開始在某個領域從事極富創造性的工作。一般人要在 40 至 60 歲之間創造力才能達到最強的階段。這個說法是對數以千計的男女進行分析後得來的。對那些無法在 40 歲以前成功，還有那些年紀在 40 歲分界點左右，以及那些害怕變老的人而言，這些說法應該很有鼓勵作用。按理說，40 到 60 歲之間是容易取得成果的歲月。接近這個年紀時，不應心懷恐懼、憂慮，而是應該滿懷希望、熱切期待。

假如你需要證據來證明大部分人都是 40 歲以後才發揮出最大的工作潛力，不妨研究一下美國人所熟悉的成功人士記錄。亨利・福特直到過了 40 歲才踏上成功之路。安德魯・卡耐基開始享受努力的成果時已是 40 幾歲了。詹姆斯・希爾 40 歲時還在敲電報鍵，他也是在那個年紀以後才取得驚人成就的。在美國企業家的傳記裏，證據比比皆是，足以說明 40 至 60 歲之間的歲月是創造人生業績的黃金時期。

30 至 40 歲之間，人們通常開始掌握性欲轉換的技巧。這種發現通常是偶然的，或者說掌握這一技術的人根本沒有意識到這點。在 35 到 40 歲左右，人們可能注意到自己的能力增強了，但在大部分情況下，人們並不清楚這種改變的原因。而且，在 30 至 40 歲之間，一個人愛的情感和性的激情自然而然地開始趨於和諧，因此他可以把這些強大的力量結合起來，讓它成為一種激勵行動的力量。

開啟情感動力

性本身就是激勵行動的強大動力，但其力量就像颶風一樣，經常是無法控制的。但當愛的情感開始和性的激情融合起來時，其結果就是目標專一、心態穩定、判斷準確、心態平衡。一個人到了 40 歲還無法體會這些，還無法通過自己的經驗來加以印證的話，那真是大不幸啊。

如果僅基於性激情，在取悅女性的欲望驅使下，男人可能也會獲得有所成就的能力，但其行為可能紊亂、扭曲，甚至帶有破壞性。在純粹的性動機之下，男人為了取悅女性，可能會去偷竊、去欺騙，甚至去殺人。可是當性激情裏融入了愛的情感之後，同樣一個人可能會更明智、心態更平和，行為也更加理性。

愛、浪漫和性都能驅使男人達到事業的巔峰。愛這種情感的作用猶如安全閥，能確保一個人心態平衡、鎮定並做出建設性的工作。如果將這三種感情結合在一起，就有可能將一個人提升至天才的地位。

情感是一種心態。自然賦予了人類「心理催化劑」，它的原理近似於物質的化學變化。大家都知道，通過化學變化，化學家可以將數種化學成分混合起來，製成致命的毒藥，而那些成分如果劑量適當，本身卻是無害的。幾種不同的情感也可以這樣融合起來，製成致命的精神毒素。性激情和嫉妒兩者結合起來時，可能會使人變成喪失理智的野獸。

當人的心中出現一種或數種破壞性情感時，通過心理的化學變化，就會都形成一種可能破壞個人正義感的

毒素。通往天才之路包含了發展、控制以及運用「性」、「愛」和「浪漫」的情感。這一過程大致如下：

鼓勵這些情感的出現，讓其成為心中的主宰意念，同時抑制所有破壞性情感的產生。心理是習慣的產物，它會依賴灌輸其中的主宰意念而茁壯成長。通過意志力的作用，你可以抑制某種情感的產生，也可以助長另一種情感的產生。通過意志力的作用，控制心理其實並不難。控制力來自毅力和習慣。控制的秘訣在於了解轉換的過程。當某種消極情感出現時，通過改變個人思想的轉換過程，將它轉化為某種積極或建設性的情感。

要想成為天才，除了通過自我努力之外，別無他途！一個人也許可以僅在性的驅動下，在商業或金融方面達到成就的巔峰，但歷史的證據也隨時可以證明，這些人往往因為性格上的某些特質，雖然取得巨大成就，卻喪失了守住或享受財富的能力。這一點很值得我們分析、考慮與沉思，因為它證明了一個道理，了解這一事實對女性和男性同樣有幫助。而正因為不了解這一事實，數以千計的人雖然擁有財富，卻失去了享受幸福的權利。

真愛永存

愛與性這兩種情感結合能給人留下鮮明的印記，只要願意，都能體會得到。如果是以性欲為基礎，在激情的驅使下，人的眼神和臉上的皺紋也會清晰地表明這一點。唯有與愛結合在一起的性，才能讓人的面部變得柔和美麗。這點不用專家分析，通過自己就可以觀察到。

愛這種情感能給人帶來藝術美並發展這種美。它會在人的心靈深處打下烙印；即使在其火苗由於時間流逝和環境更替而漸漸熄滅之後，烙印仍然清晰可見。

愛的記憶永遠不會消逝，即使在刺激消失之後很久，這種記憶依然會長久徘徊在人的心中，指引人，並對人產生影響，這是常有的情形。每個被真愛打動過的人都知道，它會在人的心中留下永久的痕跡。愛的影響之所以長久，因為愛在本質上是精神的。得不到愛的激勵而無法登上成就高峰的人是沒有希望的——他會猶如行屍走肉。

時常回顧過去，讓心沉浸在對昔日愛的美好回憶中。它會減輕眼前的憂慮和苦惱，讓你暫時逃避不如意的現實生活，而且也許——誰知道呢？——在回到幻想世界的短暫時光裏，你的心靈會給你帶來改變一生經濟地位或精神處境的構想或計劃。

假如你因為自己愛過卻又失去愛而覺得不幸，拋棄這種想法吧。真正愛過的人不可能完全失去愛。愛反覆無常，說變就變沒有規律可循。有愛時，好好地把握，盡情地享受，不要枉費心力擔心它會離去，因為擔心留不住愛。

也別存有真愛只有一次的念頭。愛去了還會再來，沒有一定的次數，但從來沒有兩份愛的體驗以相同的方式影響一個人。通常，某一次愛的經歷會在心中留下較為深刻的記憶。但所有愛的經歷都是財富，除非一個人在愛離去時變得憤世疾俗，怨天尤人。

假如一個人知道愛和性的差異，就不應也不會對愛失望。二者之間的主要差異在於：愛是精神的，而性是生理

的。除非出於無知或嫉妒，否則以精神力量觸動人心的體驗不可能對人造成傷害。

　　無疑，**愛是人生最美妙最偉大的體驗。當它與浪漫和性結合時，可以帶領人表現出高度的創造性。**如果說築造成就的天才是個三角形，那麼「愛」、「性」和「浪漫」這三種情感就是它的三條邊。

　　愛是一種情感，它有多個層面濃度和色彩。但在所有的愛當中，最強烈、最熾熱的愛是與性融合為一體時的體驗。婚姻中如果沒有愛與性和諧產生的親密感，就不可能幸福，而且很少能夠維持。如果只有愛，或者只有性，都無法為婚姻帶來幸福。這兩種美好情感互相融合所產生的婚姻，是世人追求的理想境界。

妻子可以成就男人，也可以毀滅男人

　　如果能正確理解這一問題的答案，許多婚姻就可以從混亂走向和諧。絮絮叨叨的抱怨以及由此帶來的不和諧通常是由於對性缺乏了解。如果愛、浪漫再加上對性激情與功能的正確理解運用，夫妻之間就能和睦相處。

　　如果妻子能了解愛、性激情和浪漫之間的真正關係，那麼她的丈夫是幸運的。為這三種神聖組合所激勵，沒有哪種勞動會成為負擔，因為此時，即使最低等的勞動形式也是在愛的基礎上產生的。

　　有一句古老的諺語說：「妻子可以成就一個男人，也可以毀掉一個男人。」只是未說清其實質。「成就」和「毀滅」其實就在於妻子是否了解「愛」、「性」和「浪漫」情

感之間的關係，並能巧妙運用。

假如一個女人讓丈夫對她失去興趣，而對另外一個女人產生興趣，通常是因為她對於性、愛和浪漫的無知和漠視所導致的。這種說法的前提當然是假設夫妻之間曾經存有過真愛。這個事實也適用於讓妻子對自己失去興趣的男人。已婚者經常為各種瑣事爭吵不休。假如仔細分析起來，你會發現這些難題的真正原因，就是不了解或不關心愛、性和浪漫等問題。

沒有女性的財富毫無價值

男人最強大的動力是取悅女人的欲望！文明曙光出現以前的史前時代中，獵人之所以要好好表現，就是想贏得女人的青睞。在這方面，男人的本性從古至今從未改變過。只是今日的「獵人」帶回家的不是野獸的毛皮，而是華服、汽車和財富，以博得女人歡心。所以現代男人取悅女性的欲望與史前沒甚麼兩樣。唯一不同的是取悅女人的方式。男人之所以要積累巨富、獲得權勢和名譽，主要還是為了滿足取悅女性的欲望。如果奪去生命中的女人，再多的財富對大多數男人而言恐怕也會失去意義。賦予女人成就或毀滅男人能力的，正是男人天生想取悅女人的欲望。

了解男人的本性，並巧妙地迎合其需要的女人，無需擔心來自其他女人的競爭。男人在和其他男人打交道時，可能是個具有不屈不撓意志力的「巨人」，但他所折服的女人卻總能輕易地擺佈他。

　　大部分男人不承認自己易受鍾情的女人的影響，因為雄性動物天生喜歡被人當作強者。而，聰明女人也會認同這種男子氣概，同時明智地對這一點保持認同。

　　有些男人知道自己易受女人（妻子、母親或姊妹）的影響，但他們並不過度反對這種影響力。因為他們很聰明，他們知道如果沒有一個合適的女人對其施加適度影響，他們就不會快樂，也不會變得完整。認識不到這一重要事實的男人，就失去了取得成就所需的最強大力量。

成　功　人　士

✓ 在性激情驅動下，人會獲得一股內在的行動力量。

✓ 性能量的轉換能夠將一個人提升到接近天才的高度。

✓ 只有通過想像力的創造性，才能成為天才。

✓ 男人最強大的動力是取悅女人的欲望。

Golden Rule

12

潛意識

潛意識不會無所事事！
假如你由於疏忽，沒有為潛意識注入欲望，
它就會接受你放任進入的任何思想。

The subconscious mind will not remain idle! If you fail to plant
desires in your subconscious mind, it will feed upon the thoughts
which reach it as the result of your neglect.

普通人：
那些消極的情緒，
就由它自己消失吧。

成功的人：
我要以積極情感取代
消極情感。

致富第十一步 —— 連接紐帶

潛意識是一個意識領域。通過五種感官到達意識的每種意念衝動都在這裏被分類、記錄，進而喚醒或產生出思想念頭，就像從檔案裏提取信函一般。

任何感覺或想法，無論其性質如何，潛意識都會一一予以接收並分類。任何你渴望轉化為實質或金錢對等物的計劃、意念或目的，都可以自動地植入到潛意識中。潛意識首先對與情感（例如信心）相結合的主導性欲望作出回應。

如果同時考慮「欲望」一章的六個步驟和構築並執行計劃一章裏的要求，你就會明白傳達給潛意識的思維的重要性了。

潛意識不分晝夜地工作。通過人類不了解的方式，它運用切合實際的媒介，自動地將人的欲望轉化為客觀對等物。

你無法完全控制潛意識，但可以按照自己的意願將你想轉化為具體形式的計劃、欲望或意向傳達給它。請將第四章「自我暗示」中應用「潛意識」的要求重讀一遍。

如何激發潛意識的創造力

潛意識思維是連接有限思維與無窮智慧的紐帶。證明這一觀點的證據很多。通過這條紐帶，我們可以隨時利用無窮智慧的力量。僅僅這個紐帶就包含了心理衝動得以調整並轉化為精神對等物的奧秘；它是一個中介，祈禱的內

容可以通過它傳送給回應祈禱的力量源泉。

潛意識的創造性是驚人的，它激勵個人使其力量讓人敬畏。

每次談到潛意識時，我總會自感渺小與卑微，可能是人類對此知之甚少的原因。

如果接受潛意識存在的事實，理解它可能會成為將欲望轉化為實質或金錢對等物的一種媒介，並且有無限潛力，你就會了解「欲望」一章的全部意義。你也會明白為甚麼要不斷地提醒必須清楚自己的欲望以及為何要將它清楚寫出來。你當然也會了解毅力對於實行這些指示的必要性。

這 13 項原則就是一些激勵物，憑藉它們，你就能獲取接觸與影響潛意識的能力。如果第一次嘗試這樣做失敗了，千萬別氣餒，要有耐心堅持下去。

記住，在「信心」一章的指示下，潛意識只有通過習慣才能接受自己的意願指引。也許目前你還無法建立信心，但只要有耐心、有毅力，一定可以培養出信心。

為了培養你的潛意識，在此將重述「信心」和「自我暗示」兩章中的許多說法。

記住，**無論是否對潛意識施加影響，它都會自動起作用**。這一點自然也是在提醒你，恐懼和貧窮的想法以及所有消極負面的思想，都會刺激到潛意識，除非你能掌控這些衝動，並給潛意識提供更多適宜的養分。

潛意識不會無所事事！假如你由於疏忽，沒有為潛意識注入欲望，它就會接受你放任進入的任何思想。我們已經說過，意念衝動無論消極還是積極，都不斷地通過三

種途徑（第十一章「性欲轉換的奧秘」提過的）傳達給潛意識。

你每天都生活在各種意念衝動中，它們在我們還沒覺察時就已經傳遞給潛意識。現在，請記得這一點。這些意念衝動有的消極、有的積極。你要努力抑制消極的衝動，並通過積極的欲望衝動，自動對潛意識施加影響。

如果你做到這一點，就擁有了開啟潛意識之門的鑰匙。不只如此，你還會完全控制這扇門從而使不利的想法無法影響到你的潛意識。

如果沒有意念的產生，人類創造不出任何東西。在想像力的幫助之下，意念衝動可以生成計劃。受它的控制，想像力可用來形成計劃或目標，引導一個人在自己選擇的事業上走向成功。

所有意圖轉化為物質對等物而自動植入潛意識的意念衝動，都必須通過想像力與信心的結合。也就是說，將信心與計劃或目標相結合，再傳達到潛意識的過程，唯有通過想像力才能完成。

通過這些敘述，你已經注意到，要自覺地利用潛意識，需要協調應用所有原則。

利用積極情感

19 世紀末 20 世紀初的著名詩人威爾考克斯曾這樣描述她對潛意識的理解：

你永遠說不出一個想法將會怎麼樣

它會帶給你恨還是愛
因為想法有着輕快的雙翼
比信鴿還敏捷
它遵循自然法則
種瓜得瓜,種豆得豆
它能超越歲月的痕跡
為你帶來與你想法完全一致的東西

詩中指出一個真理:**一個人頭腦中流露出來的想法也會深藏在一個人的潛意識當中**。在潛意識裏,這個想法相當於一塊磁石、一個藍圖,潛意識思維在將想法轉化為客觀對等物時,要受到這些想法的影響。想法是真真切切的東西,因為每一種有形的事物最初都表現為思想能量。

情緒或情感相結合的意念衝動,比單獨由理性產生的意念衝動更容易影響潛意識。事實上,「只有被賦予情感的意念,才能對潛意識產生行動的影響力」。這種證據目前大量存在。情緒或情感可以控制大多數人,這是一個盡人皆知的事實。如果潛意識真的對融合了情緒的意念衝動有較快的回應,而且更加容易受它們影響的話,那麼必須了解這些重要的情感。

主要的積極情感有七種,消極情感也有七種。消極情感會自動注入意念衝動中,而那正是確保進入潛意識的通道。積極情感則需通過「自我暗示」原則,被動地注入個人所希望傳遞給潛意識的意念衝動(有關指示見第四章「自我暗示」一章)。

這些情緒或情感衝動就像麵包中的酵母粉,因為它們

構成了行動要素，可將意念衝動由被動化為主動狀態。

所以，我們不難理解，與情感相結合的意念衝動會比「冷靜理智」產生的意念衝動更容易發揮作用。

現在，你正準備影響和控制潛意識的「內在聽眾」，以便能將那股對財富的欲望傳達給潛意識。

因此，你必須了解接近「內在聽眾」的方式。必須說它能懂的語言，否則它就不會聽從你的召喚。它最了解的語言就是情緒或情感的語言，所以讓我們在此列出七種主要積極情感和 7 種主要消極情感，這樣，你在給潛意識下達命令時，就可以利用積極情感而避免消極情感了。

七大積極情感：
- 欲望
- 熱忱
- 信心
- 浪漫
- 愛
- 希望
- 性

當然還有其他積極情感，但以上這些是最強大的七種，也是創造性工作最常用的七種。

掌控這七種情感（唯有通過使用方能掌控它們），然後其他積極情感就會在你需要時隨時為你所用。因此，要記住，你正在閱讀的這本書會讓你心中充滿積極情感，幫助你培養「金錢意識」。

七大消極情感：
- 恐懼
- 貪婪
- 嫉妒
- 迷信
- 怨恨
- 憤怒
- 報復

積極情感和消極情感不會同時佔據人心，一定只有一種類型佔據主導地位。你有責任讓積極情感成為內心的主宰力量。在此能幫助你的是「習慣法則」。**養成採納與利用積極情感的習慣，最後它們將完全支配你的內心，將消極情感拒之門外。**

只有刻意且持續地遵循這些指示，才能獲得掌握潛意識的力量。只要意識中出現一種消極情感，就足以摧毀所有來自潛意識的建設性機會。

成　功　人　士
checklist

☑ 無論是否對潛意識施加影響，它都會自動起作用。

☑ 一個人頭腦中流露出來的想法，也會深藏在其潛意識中。

☑ 養成利用積極情感的習慣，將消極情感拒之門外。

13

大腦

**受到刺激或者震波加快到較高的頻率時，
內心就更容易接收外來渠道傳遞來的思想。**

When stimulated to a high rate of vibration, the mind becomes
more receptive to the vibration of thoughts from outside sources.

普通人：
思維的運作很神秘……

成功的人：
我們可透過一些方法去
刺激思維。

致富第十二步 ——
思想的廣播站和接收站

40多年前，作者與埃爾默·R·蓋茨博士及已故的亞歷山大·格雷厄姆·貝爾博士共同發現，每個人的大腦既是思想震波（vibration of thought）的廣播站，也是接收站。

與無線電廣播原理相似，每個人的大腦都能夠接收他人大腦釋放出來的思想震波。

根據這個原理，與第六章「想像力」中所講的創造型想像力進行一下比較和思考。創造型想像力是大腦的「接收裝置」，能夠接收他人大腦釋放出來的思想。這是意識或者理性思維與接收思想刺激的四個來源之間的溝通交流工具。

受到刺激或者震波加快到較高的頻率時，內心就更容易接收外來渠道傳遞來的思想。這個加速過程是通過積極情感或消極情感來完成。在情感的作用下，思想震波可能會加速。

大氣只能辨認出高頻率的震動，並將它們從一個人的大腦帶到另一個人的大腦。思想是一種能量，以極高的頻率穿行。受到某種主要情感的影響，震動頻率會變得更強。

就強度和驅動力而言，性高居人類各種情感之首。與情緒穩定或沒有情緒時相比，受到性刺激時，大腦的工作頻率要快得多。

性欲轉化的結果是導致思想震動頻率的提升，它使創造型想像力更容易接收到意念。另一方面，當大腦快速工作時，它不僅能夠吸引他人大腦釋放出來的思想和意念，也會在自己的思想意念中產生一種感覺，而這種感覺正是意念將被潛意識接收並產生作用所必需的。

潛意識是大腦的「發射站」，思想震波通過它被發送出去。創造型想像力是用來獲得思想能量的「接收器」，大腦通過它來辨別並接收思想震波。

除了潛意識的重要因素、創造型想像力的功能（二者構成了大腦廣播設備的發射與接收裝置）外，再加上「自我暗示」的原則，它是使「廣播站」發揮功能的工具。

通過第四章「自我暗示」一章提供的指示，你已經知道了欲望轉化成金錢對等物的方法。

操作大腦「廣播站」是一個相當簡單的過程。**使用「廣播站」時，你要熟記並運用這三個原則 —— 潛意識、創造型想像力和自我暗示。**我已經將這三種原則付諸行動的刺激物做了詳細描述 —— 這一過程始於欲望。

神奇的大腦

最後但依然重要的一點是，無論我們對自己的文化與教育背景多麼自豪，卻仍很少或完全不了解思想的無形力量。對於有形大腦以及可用來將思想轉化為物質對等物的龐大網路，也知之甚少。但現在人類正進入一個啟蒙思想的新時代。科學家已經開始將注意力轉到被稱為「大腦」的這個驚人物體上。雖然他們的研究還處於啟蒙階段，但

科學家已經發現足夠的知識，證明人腦的中央配電盤中，連接腦細胞的線路數目等於數位1，後面再加上1500萬個「0」。

「這個數字太驚人了。」芝加哥大學的C·賈德森·赫里克博士說：「比較起來，處理數億光年的天文數字就顯得微不足道了。據估計，人類的大腦皮層中有100億～140億個神經細胞，而且這些細胞都以一定的方式有序排列。這些排列不是隨意的，而是井然有序的。最近開發出來的電生理學方法從精確定位的細胞中，或具有微電極的纖維中分離出來，排除其作用電流，再以無線電管增強它，結果記錄的潛在差異達到了百萬分之一伏特。」

這樣一個錯綜複雜的網路存在的唯一目的，就是延續身體成長和維持身體的正常功能，這實在讓人難以置信。這樣的系統能夠為數十億個腦細胞提供彼此溝通的通道，那麼有沒有可能為我們提供與其他無形力量進行溝通的手段呢？

20世紀三十年代末，《紐約時報》的一篇社論顯示，在精神現象領域，至少有一所偉大的大學和一位研究精神現象的研究員正在進行一項有組織的研究，他們得出的結論與本章及下章的內容大體相似。這篇社論簡要地分析了萊恩博士及其在杜克大學的同事所做的工作。

甚麼是「心靈感應」

萊恩博士及其同事在杜克大學獲得了卓越的研究成果。他們進行了不下10萬多次的試驗，證實了「心靈感

應」和「超感視覺」的存在。這些結果在《哈珀雜誌》的前兩篇文章中做了概述。在現在發表的又一篇文章中，作者 E·H·賴特試圖將有關這些「超感官」的所有發現或者一些似乎合理的解釋做了一個總結，以提示超感官模式的本質。

現在，鑒於萊恩博士的實驗結果，一些科學家認為，心靈感應與超感覺確實存在。在試驗中，有多位具有超感力的人，在看不到且無法感覺到紙牌的情況下，將一副特定的紙牌的每張牌盡可能地說出來。結果發現，約有 20 個人可以準確地說出紙牌內容，其正確數目之多使人可以得出結論：「他們絕不可能靠運氣或巧合來完成這項任務，其可能性幾乎為零。」

但他們是如何做到這一點的呢？就算確實存在這些力量，我們似乎又是感覺不到的。現有的器官不可能產生這樣的感覺。無論讓實驗者相隔數百里之遠或者是在同一個房間內，結果同樣有效。賴特先生認為，這些事實還顯示出，有人試圖通過物理放射理論來解釋心靈感應與超感覺都行不通。任何已知形式的放射能量都會隨着距離的加大而減弱。但心靈感應和超感覺卻不是這樣。它們的確會依實際目標而改變，正如其他精神力量一樣。

與普遍看法不同的是，擁有超感覺的人在睡着或處於半睡眠狀態時，這種現象不會增強，相反，當他處在清醒或警覺狀態時，這些力量最強。萊恩發現，麻醉劑會不可避免地降低超感覺者的分數，而興奮劑則總會提升分數。即使是最可靠的試驗對象，也必須盡其所能，否則難有良好的表現。

賴特極具信心地得出一個結論，即心靈感應和超感覺確實是一種天賦。換句話說，「看出」反扣在桌上的紙牌似乎和「讀出」心中意念的能力是同一種力量。有幾個理由可以讓人相信這一點。例如，在具有上述任何一種能力的人身上已經發現了這兩種天賦。而且，到現在為止，在每個人身上，這兩者幾乎完全一樣活躍。屏障、牆壁和距離都無法對任何一種力量起作用。

根據他的結論，賴特提出純粹為「預感」的其他超感覺體驗、預示性夢境、災禍預感及類似情形也有可能實際上是同一種能力。我們並不要求讀者接受這裏的任何一種結論，除非他們認為有必要，但萊恩收集的證據卻給人留下了深刻印象。

如何激發團隊力量

萊恩博士認為，**在某些條件下，大腦會對所謂的「超感覺」模式作出反應。**有這一言論的支撐，我現在榮幸地說明一個事實，以對其進行補充，我的同事和我已經發現，在我們認為理想的情況下，大腦可以得到刺激，因而使得下一章講到的「第六感」能以實際方式發揮作用。

我所說的情況包含了我與兩位同事的密切合作。通過試驗和練習，我們發現了刺激思維的方式（通過運用下一章中的「隱形顧問」原則），因此，三個人的智慧合而為一，我們就可以為客戶提出的各種問題，找到解決辦法。

這個過程非常簡單。我們坐在會議桌前，說明所面臨問題的性質，然後開始討論。每個人都盡可能將自己的想

法提出來。這個激發智慧的方式有奇特之處，它讓每個參與者能和自身經驗之外的未知知識來源相通。

假如你明白第十章「智囊團的力量」中的原則，當然就能看出，在此描述的圓桌會議程式就是智囊團的實際運作方式。

在三人之間和諧討論某一既定問題，這種激發智慧的方式是最簡單、最實際的智囊團原則應用例證。

通過採用和遵循類似的計劃，每個學習這個原理的人，都可以擁有「作者的話」中簡要介紹的卡耐基秘訣。如果現在對這一點你還沒有找到感覺，那麼將此頁標出來，等看完最後一章以後，再回頭重讀一遍。

成 功 人 士
checklist

☑ 使用「廣播站」時，熟記並運用潛意識、創造型想像力和自我暗示。

☑ 心靈感應和超感覺確實是一種天賦。

☑ 在某些條件下，大腦會對所謂的「超感覺」模式作出反應。

第六感

**第六感就是潛意識中被稱為
創造型想像力的那個部分。**

The sixth sense is that portion of the subconscious mind which
has been referred to as the creative imagination.

普通人：
一遇到挫折就立即放棄。

成功的人：
以模仿別人來重塑自己
個性。

致富第十三步 —— 通往智慧殿堂的大門

第十三項原則就是第六感。這項原則是成功哲學的頂點。只有先掌握了其他十二項原則，才能完全吸收、理解和應用最後一項。

第六感就是潛意識中被稱為創造型想像力的那個部分。我們也曾稱之為「接收裝置」，構想、計劃和意念就是通過這個接收裝置進入腦海的。這種靈光一閃的情形有時就叫做「預感」或「靈感」。

第六感無法形容，也無法向沒有掌握該哲學其他原則的人描述，因為他們還沒有可以和第六感對照的知識和經驗。只有通過發自內心的層面的冥想，才能對第六感有所感悟。它是心理層面的，也屬精神。

掌握了本書的原則後，你應該很容易接受以下說法的真實性（否則你會認為它不可思議），也就是說：

在第六感的幫助下，你會及時得到警告而避免即將發生的危險，而且你也能及時發現機會的來臨並抓住它。

隨着第六感的發展，會有一位「守護天使」前來幫助你，服從你的意志，為你開啟通往智慧殿堂的大門。

第六感的奇跡

作者既不是「奇跡」的信奉者，也不是「奇跡」的鼓吹者，因為我對自然界有足夠的了解，知道大自然從來不會偏離既定的法則。有些法則非常難以理解，所以創造出一些看似「奇跡」的東西。第六感就是我所經歷過的最接

近奇跡的東西。

作者知道，有一種力量或者叫原動力，滲透在每種物質的原子之中，聯繫着人們感受到的每個能量單位。有了這種力量，橡樹種子可以成長為橡樹，泉水遵循萬有引力流下山坡，四季更迭，日夜迴圈，萬物各得其所，各守其位，和諧共生。運用這一哲學規律，欲望就可以轉化為具體或實際的物質形式。作者知道這一點，因為他做過試驗，有切身的體驗。

讀完前面各章，你已經被逐步引入到最後這個原則。假如你已經掌握了前面各項原則，現在就可以接受（而且毫不懷疑地）此處的驚人說法了。假如你還未掌握其他原則，那麼你必須先補上這一課，才可以明確地判斷本章所說的是事實還是虛構。

在「英雄崇拜」年代，我總想模仿那些我最崇拜的那些人。此外我還發現，自己努力模仿偶像時所依靠的信心使我能成功地做到這一點。

讓偉人塑造你的人生

儘管那個普遍的英雄崇拜年代已經過去了，我發現自己從未完全丟掉崇拜英雄的習慣。經驗告訴我，就算無法成為真正的偉人，也要模仿偉人，在感覺和行動上盡可能地接近他們。

早在發表一首小詩或試圖在眾人面前發表演說之前，我就養成了一個重塑個性習慣，想通過模仿九個人來重塑自己的個性。這九個人的一生和成就對我的影響最大。他

們是愛默生、潘恩、愛迪生、達爾文、林肯、伯班克、拿破崙、福特和卡耐基。在好幾年的時間內，我每晚都在頭腦中和這些人開假想的諮詢會議，我把他們稱為我的「隱形顧問」。

過程是這樣的。晚上睡覺之前，我閉上眼睛，然後在想像中看到我和這群人一起圍坐會議桌前。這時候，我不僅有機會坐在偉人當中，還擔任主席，實際指揮這群人。

我帶着一個非常明確的目標，參加每夜一次的想像聚會。我的目的就是：塑造自己的性格，使自己成為這群假想顧問個性的綜合體。很早我就認識到，必須克服無知和迷信環境形成的障礙。所以我有意通過上述方法，以求重塑自我。

通過自我暗示塑造性格

我當然知道，所有人都是由於自己的主宰意念和欲望而成為目前的樣子的。我知道，每個深藏在心底的欲望都會尋求外在表現，通過這種表現，欲望就可以轉變為事實。我知道，自我暗示對個性塑造有着強有力的影響，事實上，它也是用來塑造個性的唯一原則。

有了這些認識，我就具備了重塑個性所需的裝備。在這些假想會議中，我將成員召集到一起，要求內閣成員提供我需要的知識，我會對着他們出聲地說：

「愛默生先生，我渴望從你那裏獲得了解自然的神奇力量，它曾使你的一生如此傑出不凡。我要求你將所有的品質，也就是那些使你了解並適應自然規律的品質，都在

我的潛意識中留下印記，為此，請你幫我接觸並運用一切可以得到的知識源泉。」

「伯班克先生，我要求你告訴我你與自然規律如此協調一致的知識。依靠這些知識，你能讓仙人掌脫去尖刺，成為可吃的食物。告訴我你是如何使只長一個葉片的草現在長出了兩片，告訴我是甚麼讓你為花兒融入了更多的色彩與和諧。」

「拿破崙，我要向你學習，我渴望獲得你所具有的神奇才能，這種才能可以鼓舞他人鬥志，激發他們擁有更強大、更堅定的行動精神。同時，我還想獲得你轉敗為勝、克服巨大障礙的持久信心，運氣之王，命運之神，我向你致敬。」

「潘恩先生，我渴望從你那裏獲得思想自由以及表達見解的勇氣與清晰思維，它們讓你如此卓爾不凡。」

「達爾文先生，我希望從你那裏獲得永不枯竭的耐心，以及你在自然科學領域中不偏不倚、客觀公正地研究因果關係的能力，你在自然領域中不斷證明着這種能力的價值。」

「林肯先生，我希望在自己的性格中注入你特有的那種強烈正義感、永不疲倦的耐性、幽默感和對人的理解與寬容。」

「卡耐基先生，我希望徹底了解你用來有效建立龐大工業企業的各項組織原則。我為自己選擇了一項畢生的事業而感激你，這項事業給我帶來了幸福和安寧。」

「福特先生，我希望獲得你不屈不撓的精神、決心、鎮定和自信心，這些品質使你能戰勝貧困，組織、團結及

簡化人類的工作，學到這些我得以幫助他人，讓他們沿着你的足跡前進。」

「愛迪生先生，我曾離你最近，因為我在研究中，你曾給了我無間的合作，我希望從你那裏獲得用來揭示無數自然奧秘的自信心，以及你不辭辛苦、經常從失敗中奪回勝利的不懈精神。」

想像力的驚人力量

根據當時最想獲得的個性特徵，我向假想的內閣成員講話的方式會有所不同。我極其認真地研究過他們的生平。這種晚間會議歷經數月之後，我驚異地發現這些假想人物竟然變得清晰而真實了。

讓我感到驚訝的是，這九個人的個人性格各不相同。例如，林肯有遲到的習慣，遲到習慣邁着沉穩的步伐走來走去。他總是不苟言笑，莊重嚴肅。我很少見到他笑。

其他幾位可就不同了。伯班克和潘恩經常沉浸在機智的對話中，那些話有時會給其他成員感到一個驚喜。有一回，伯班克遲到了。他來到時興高采烈，並解釋說他是因為正在做一項實驗才遲到的，他希望通過這項實驗使任何一種樹都能長出蘋果來。聽完這話，潘恩譏諷他說，男人女人之間的所有麻煩都是從蘋果開始的。達爾文開心地哈哈大笑，建議潘恩到森林採集蘋果時一定要當心小蛇，因為它們會長成大蛇。愛默生聽了之後評論道：「沒有蛇，

就沒有蘋果。」[1] 拿破崙又加上一句:「沒有蘋果,就沒有國家!」[2]

林肯養成了每次會議結束後總是最後離開的習慣。有一次,他伏在桌子的一端,攏起雙臂,並且以這一姿勢保持了幾分鐘。我當時不想打擾他。最後,他慢慢地抬起頭,走到門口。接着,他轉過頭來,將手搭在我的肩上說:「孩子,如果你在追求人生目標的過程中始終堅持不懈,就需要更多的勇氣。不過要記住,當困難來臨時,常人會有常識。而逆境能培養我們的常識。」

一天晚上,愛迪生比所有其他人都來得早。他走過來,逕自坐在我左邊他平時坐的位置,說道:「你註定要目睹人生奧秘的提示過程。當這一天來臨時,你將看到生命由許多能量群集而成,每個人都跟他自己想的一樣有能力。你自己的想法和欲望就像磁石,從偉大的生命海洋中吸引能量,你會吸引到與你欲望本質相一致的東西。」

會議其它的成員也開始進入房間。愛迪生站起來,慢慢地走到自己的座位前。我腦子裏發生這一切時,愛迪生還健在。我把我自己的體驗告訴了他,他說:「你夢境真實的程度,不亞於你想像它的程度。」

1　在《聖經》中,蛇慫恿夏娃吃了智慧樹上的果子,因而得到了上帝的處罰。——譯者註

2　在奧威爾的《動物莊園》中,作者描寫了動物中的特權階級——豬。豬享用其他動物無法享用的牛奶和蘋果,還說是「為了你們,才喝牛奶、吃蘋果的。」在書中,作者用豬來影射拿破崙。——譯者註

這些會議如此真實，讓我對他們的後果感到恐懼，連續好幾個月不敢再想此事。這些體驗非常怪誕，我擔心如果繼續這樣下去，我會忘記這樣一個事實，即這些會議只不過是純粹的想像而已。

不再進行這種想像練習之後半年，我在一天晚上醒來，也可能我自認為醒了。看到林肯站在床邊。他說：「這個世界很快有你的用武之地，因為這是一個喪失信仰的動盪時期。」

這是我第一次鼓足勇氣提起這件事情。在此之前，我一直對此保持沉默，因為考慮到我自己對它們的看法，我說出這些非凡體驗定會被人誤解。我現在已經有勇氣將這些親身體驗寫成文字，因為我已不像以往那樣對「別人說的話」感到惴惴不安了。成熟的好處之一，就是它有時能帶給人表現真我的莫大勇氣，無論別人怎麼看怎麼說。

為了不被誤解，我希望在此鄭重強調一點，我依然認為內閣會議純粹屬於想像。但是我有權說明，雖然內閣成員純粹是虛構的，會議也只是存在於我的想像之中，但這些卻帶領我走上了輝煌的冒險之旅，重燃我對偉大事業的嚮往，激發了我的創造性，讓我有了表達內心真實想法的勇氣。

開啟靈感的源泉

大腦的細胞結構中存在一個接收意念震波（一般稱為「預感」）的器官。科學至今還不知道這個第六感官位於何處，但這個並不重要。人類的確可以通過身體感官之外的

渠道接收準確的知識，這也是事實。通常，當大腦受到不尋常刺激時，就可以接收到這些知識。任何激發情感、讓心跳加速的緊急狀態通常都會使第六感活躍起來。曾在駕車時差點遭遇車禍的人都知道，在這種情況下，**第六感總會在千鈞一髮之際及時出現**，從而避免了剎那間即將發生的事故。

通過上述事實，我想說的是，與「隱形內閣」會面時，我發現大腦最容易接收通過第六感傳來的構想、思想和知識。對此，我對這些專家門充滿感激。在我數十次面臨緊急情況時（有些甚至嚴重危及生命），通過「隱形內閣」的影響力，我都在奇蹟的指引下度過了難關。

與虛擬人物會面的初衷，只是想憑藉自我暗示原則，讓潛意識對我希望獲得的一切留下深刻印象。最近幾年，我的實驗已有了不同的做法。現在，我會拿困擾我和客戶的難題來請教虛擬顧問。雖然我並不完全依靠這種諮詢方式，但它卻經常有着驚人的效果。

緩慢增長的強大力量

第六感不是個人可以隨意取捨的東西。運用這股強大力量的能力是通過運用本書各項原則而逐漸獲得的。

無論你是誰，無論你懷着何種目的閱讀此書，即使你不了解本章所描述的原則，也一樣能因它而受益。假如積累財富或其他物質是你的主要目的，那麼情形尤其如此。

這一章之所以包括在本書內，是因為本書的宗旨是提供一種完整的哲學，讓個人可以正確無誤地指引自己，獲

得人生中追求的一切。任何成就的起點都是欲望。終極目標則是尋求認識——認識自我、認識他人、認識自然規律、認識和理解幸福。只有通過熟悉和運用第六感原則，這種了解認識才變得更徹底。

　　讀完本章後，你肯定已經發現，你的心理已經提升到了一個較高的刺激層次。真棒！一個月後再回到這裏，重讀一遍，你會注意到自己的心將飛向更高的刺激層次。要經常重溫這一體驗，此時不要在意自己學了多少，到最後就會發現自己擁有了一種力量，使你能夠拋開失意氣餒，駕馭恐懼，克服拖拉並自由地運用想像力。這樣，你已經感受到那個未知的「東西」了，它永遠都是每一位真正偉大的思想家、領袖、藝術家、音樂家、作家和政治家的幕後策劃人。那時，你就能夠化欲望為實質或經濟對等物，這種情形就和你一遇到挫折就立即放棄一樣容易。

成　功　人　士
checklist

☑ 靈光一閃的情形有時就叫做「預感」或「靈感」。

☑ 第六感總會在千鈞一髮之際及時出現。

六種恐懼

每個人都有能力完全控制自己的意志。

Every human being has the ability to completely control his own mind.

成功的人：
我會在意志中注入自己
選擇的意念。

普通人：
我甚麼都不怕。

找出成功路上的「攔路虎」

在你能成功運用本哲學的任何一點之前，必須做好準備接受它。準備工作並不難。首先要研究、分析和認識**必須消滅的三個敵人：猶豫、懷疑和恐懼**。

只要頭腦中有這三種或其中任何一種消極情緒，第六感就無法發揮作用。這三種邪惡的情感緊密相連。找到一個，另外兩個也在不遠處。

猶豫是恐懼的幼苗！讀本書時請記住這一點。猶豫會變成懷疑，兩者結合在一起就是恐懼！「結合」過程通常是緩慢的。這也是這三種敵人為甚麼如此危險的一個原因。它們在你不知不覺中，就逐漸發芽、生長了。

本章講述的就是在實際應用整個哲學前，必須首先實現的目標；還分析了使許多人貧困的情形，也講述了一項所有致富者需要了解的事實。所有致富的人這種財富可以是金錢，也可能是大於金錢的精神心態。

本章的主要目的是分析六種基本恐懼產生的原因和補救方法。在征服敵人之前，我們必須知道它的名稱、習性和住所。閱讀時，請仔細分析一下自己，並檢查這六種常見的恐懼是否有哪種依附在你的身上。

不要被這些狡猾敵人的習性所欺騙。有時候，它們會隱藏於潛意識中，使你很難找到它們的位置，更難消滅它們。

六種基本恐懼

　　基本恐懼有六種，每個人不時都會受到恐懼的困擾。如果完全不受這六種恐懼所困擾，那麼大多數人都會是幸運的。按照最常見的順序排列，這六種恐懼是：

- 恐懼貧窮
- 恐懼批評
- 恐懼病痛
- 恐懼失去愛情
- 恐懼衰老
- 恐懼死亡

　　其他恐懼都不及這六種重要，都可歸於這六種恐懼。

　　恐懼其實不過是一種心理狀態，而一個人的心態是可以控制和引導的。

　　如果不經過意念衝動形式在大腦中孕育，人就不可能有任何創造。順着這個意思，還有更重要的一點，那就是：人的意念衝動，不管是自覺的，還是不自覺的，都會很快轉化為與自身一致的客觀對等物。瞬間產生的意念衝動，也就是他人頭腦中釋放出來的意念，與有目的、有計劃的個人意念一樣，也能決定一個人的經濟、商業、職業或社會命運。

　　很多人不明白為甚麼有些人似乎就比較「幸運」，而有些人在能力、教育背景、經歷和智力等方面與之相當、甚至更優越，卻註定伴隨着不幸，這是一個重要的事實。

有個說法或許可以解釋這個事實，即，每個人都有能力完全控制自己的意志，有了這種控制力，**每個人都有可能敞開心胸，接受由他人大腦中釋放出來的遊移不定的意念衝動，然而也可以緊閉心門，只接受自己精挑細選的意念衝動。**

自然賦予人與生俱來就能絕對控制的，只有一個東西，那就是意念。這個事實和「人的任何創造都始於某種意念」的事實結合起來，我們離控制恐懼就不遠了。

假如所有的意念真的都有以客觀對等物來表現自己的傾向（這的確是不容懷疑的事實），那麼恐懼和貧窮的意念衝動，就真的無法轉化為勇氣和經濟利益。

恐懼貧窮

貧窮和財富勢不兩立！通往貧窮和財富的路背道而馳。假如你想要財富，就必須拒絕接受任何導致貧窮的環境（此處使用的「財富」一詞，是最廣義的解釋，它指的是經濟、精神、心理和物質的資產）。通往財富之路的起點是欲望。在第二章「欲望」中，你已經知道了如何正確使用欲望。而在談論「恐懼」的這一章中，你要做好實際應用欲望的心理準備。

那麼，這裏就給你提出一項挑戰，它讓你準確測定自己對成功哲學了解了多少。這也正是你可以成為先知，且準備預知未來的關鍵。如果讀了本章後，你願意接受貧窮，當然你就必然只會貧窮。你必須作出決定。

假如你要財富，就要決定需要哪種財富，以及多少

財富才能令你滿足。你已經知道了通往財富的道路，也得到了路線圖，如果你循着路線圖前進，就不會迷路。假如你躊躇不前或半途而廢，那麼就只能怪你自己。一切的責任在於你。假如你現在無力要求或拒絕要求人生的財富，那麼你更沒有藉口逃避責任，**因為接受財富只需一樣東西 —— 心態**。心態是你表現出來的東西。它無法用金錢購買，只能創造。

最具破壞性的恐懼

恐懼貧窮是一種心態，僅此而已！但它足以毀掉一個人做任何事情的成功機會。

這種恐懼會摧毀人的理性，破壞想像力，消滅自立性，削弱熱情，挫傷進取心，導致目標搖擺不定，助長惰性，使人無法自制；它使人失去個性中的吸引力，破壞準確思考的能力，轉移專注力；它會控制毅力，使意志力蕩然無存，毀掉抱負，混淆記憶，並以各種可能的方式招來失敗；它扼殺愛，破壞心中的更美好情感，阻礙友誼並引來各種各樣的災難，讓你失眠、悲傷與不幸。儘管事實上我們所居住的世界充斥着我們渴望得到的東西，儘管除了缺乏明確目標之外，沒有任何東西能阻擋我們與欲望之間，對貧窮的恐懼會讓這一切顯得蒼白無力。

無疑，恐懼貧窮是六種基本恐懼中最有破壞性的一種。我們將它放在恐懼之首，因為它是最難控制的。對貧窮的恐懼產生於人類與生俱來、在經濟上掠奪同伴的傾向。幾乎所有比人類低等的動物都要受到本能驅使，但由

於它們的「思考」能力有限，因此它們只會在物質上彼此掠奪。人具備較優越的直覺，有思考和推理能力，不會殺食同類，但他們是從經濟上「吞食」同類而獲得更大的滿足。由於人類如此貪婪，所以才會通過各種可能的法律手段來保護自己免受同類的威脅。

帶給人類痛苦和屈辱的，莫過於是貧窮了！只有體驗過貧窮的人才能充分理解它的全部含義。

也難怪有人害怕貧窮。通過世世代代的經驗，人類已經確信，有些人不可信任，而金錢物質和世俗財產才是重要的，儘管這讓人痛心，卻是事實。

人類如此渴望獲得財富，以至於為了獲得它而不擇手段，如果可能就使用合法手段，如果必要或方便，也會採用其他方式。

自我剖析可能會揭露個人不願承認的弱點。對那些不甘於平庸和貧窮的人，這種自省方式是必要的。請記住，在一點一滴地審視自己時，你既是法官，也是陪審團；既是檢察官，也是辯護律師；既是原告，也是被告；而且，接受審判的也是你。你要公正地面對事實，向自己提出明確的問題，要求自己立即作出回答。審視結束後，你將更了解自己。如果你覺得在這項審視中自己無法做一位公正的法官，那麼在詢問自己的時候，不妨讓一位深入了解你的人擔任法官。你要得到的是真實情況。無論要付出甚麼代價，即使會暫時令你窘迫也要得到真相。

大多數人在問到最怕甚麼時，都會回答：「我甚麼都不怕。」這個回答並不正確，因為很少有人知道，由於某種恐懼，人在精神和肉體上都會受到束縛、阻礙和打擊。

恐懼情緒如此狡猾與隱蔽，我們可能一生背負着它卻無法察覺。只有勇敢的分析才能使人類這個共同的敵人揭開面紗現出原形。開始分析時，要從性格深處去探尋。以下列舉了你應該探尋的症狀。

恐懼貧窮的症狀

凡事漠不關心。通常的表現是沒有抱負；甘願忍受貧窮；毫無異議地接受生活提供的任何報酬；心理和生理上懶散怠惰；缺乏主動性、想像力、熱情和自製力。

猶豫不決。習慣於他人替自己思考。總是持觀望態度。

懷疑。通常的表現是故意掩飾個人的失敗；總是尋找託辭和藉口，有時表現為忌妒或批評別人的成功。

焦慮。通常表現為對他人吹毛求疵、喜歡透支揮霍、不拘外表、愁容滿面眉頭緊鎖、酗酒、緊張不安、缺乏鎮定和自立意識。

過度謹慎。喜歡探究所有的消極負面情況，而不是集中精力尋找成功的方法，反而考慮和談論可能會有的失敗。熟悉每條通往不幸的途徑，卻從不想辦法避免失敗。總要等待「時機適當」才將構想和計劃付諸行動，結果等待成了永久的習慣。只記得那些失敗者，而忘了成功者。只看到甜甜圈中間的空洞，卻忽略了甜甜圈本身。心懷悲觀態度，導致消化不良、排泄不暢、自動中毒、呼吸不順以及脾氣暴躁。

拖拉。習慣將早就該做的事拖到明天再說，將足以

完成工作的時間花費在編織託辭和藉口上。這種症狀與過度謹慎、懷疑、焦慮有密切的關係。只要能逃避，就拒絕承擔責任。寧願妥協，而不願奮鬥，不把困難當成進步的踏板，卻向困難低頭。向生活索求蠅頭小利，而不追求成功、機會、財富、滿足和幸福。不肯破釜沉舟、勇往直前，卻總是想失敗了該怎麼辦。缺乏或完全沒有自信心、明確的目標、自制力、動機、熱情、抱負、節儉和健全的推理能力。不渴求財富，卻安於貧窮。與安於貧窮的人為伍，而不試圖結交要求並獲得財富的人。

金錢萬能

有人會問：「你為甚麼要寫一本有關金錢的書？為甚麼只用金錢衡量財富？」有些人認為，還有比金錢更值得追求的財富，這話不無道理。沒錯，是有金錢無法衡量的財富，但也有數百萬人會說：「給我所需的錢，我就能換來任何想要的其他東西。」

我寫這本書，討論如何獲取金錢，主要是因為數百萬男男女女都深受貧窮恐懼之害。韋斯特布魯克・佩格勒清楚地闡明了這種恐懼對人的影響：

> 金錢只是貝殼、金屬片或紙片，它買不到心靈或精神的財富。但大部分一文不名的人卻無法銘記這一點，從而振作起精神。當一個人失魂落魄、流離失所、無事可做時，他的精神也會隨之而變化，從他低垂的雙肩、歪斜的帽子以及疲沓

的步伐和倦怠的眼神中就能看出來，身處有固定工作的人中間，這種人難以擺脫自卑感，即使他知道有些人在人格、智慧和能力其實無法和自己相提並論。

而這些人——甚至是他的朋友——則會感到一種優越感，會無意間視他為受害者。他可以一時借貸，卻總是無法維持慣常的生活方式，也無法長期借貸。當一個人為生存而借貸時，借貸本身就成為一種令人沮喪的事情，而且也無法像掙來的錢一樣令人精神煥發。當然，這些話並不適用於遊手好閒的懶人，只適用於那些有抱負和有自尊的人。

處於相同困境的女人肯定不一樣。談到貧困潦倒的人時，我們無論如何也想不到女人。她們很少站在等待救濟的隊伍中，很少見到她們在街上乞討，即使在人群中，她們也不像窮困的男人一樣有清晰可辨的特徵。當然，我指的不是那些像遊手好閒的男性乞討者一樣在城市街道上蹣跚而行的老婦人。我指的是那些相當年輕、高雅和聰明的女子。這種人一定也有許多，但她們的失意並不明顯。也許失意的女人都自殺了吧。

當一個人窮困潦倒時，他就有了自省的機會。他可能不遠數里去求職，結果卻發現空缺職位已滿，或者工作沒有底薪，只能靠銷售一些沒人會買（除非出於同情）的無用小東西來賺取佣金而已。放棄這份工作之後，他只能又回到街上，無家可歸，四處遊蕩。於是他走啊走啊，他注視着櫥窗內不屬於自己的奢侈品，心中深感自卑，並讓位

給那些興趣盎然、駐足觀望的人。他可能遊蕩到火車站，或到圖書館歇歇腳，取點暖，但那不能代替工作，所以還得繼續流浪。他可能不知道，即使外貌並未流露出他的境況，他漫無目標的行為本身已經說明了一切。他或許身穿以前工作時留下的好衣服，但這些好衣服也掩飾不了他的頹廢。

看着那些有工作的人個個忙忙碌碌，他從內心深處羨慕他們。他們擁有獨立性、自尊心和人格，於是他無法讓自己相信自己也是一個好人，雖然他時時極力爭辯，有時也能得到有利於自己的結論。

造成這種差異的就是金錢。只要有一點錢，他就能恢復自我，變得像一個人。

恐懼批評

人最初是如何產生「恐懼批評」這種恐懼的，沒人能說清楚，但有一點可以確定 —— 它是高於一般形式的恐懼。

作者傾向於認為恐懼批評是人類與生俱來的天性，這一特性使他不僅奪走同胞的物品，還批評同胞的人格，來為自己的行為合理化進行辯護。眾所周知，小偷會批評被盜者，政客不是通過展現自己的美德和才華，而是通過詆毀對手的名譽而獲得職位。

聰明的服裝商人毫不遲疑地利用人們這種對批評的恐懼，而這種恐懼正是人類的通病。所以，每個季節的服裝款式都在變化。是誰決定穿着這些款式呢？當然不是服裝

購買者，而是生產者。生產者為甚麼經常變換款式呢？答案很明顯。變換款式的目的是賣掉更多衣服。

同樣，汽車廠商每個季度也更換車型。沒人不想開上最新款式的汽車。

恐懼批評會剝奪一個人的主動性，摧毀其想像力，限制他的個性發展，奪走他的自立精神，並以各種可能的其他方式害人。父母經常批評孩子，而給孩子造成無可彌補的傷害。我有一位童年好友，他的母親幾乎每天都要打他，打完後總說：「到不了 20 歲，你就得進勞教所。」結果他在 17 歲那年進了勞教所。

批評是人們做得最多的一件事。每個人總有一大堆的批評，無論別人願意接受與否，他們都樂於免費奉送。**最親近的人經常就是最愛批評的人。**任何家長如果通過不必要的批評而使孩子產生自卑感，就應視為一種罪過（事實上它是最嚴重的一種罪過）。善解人意的僱主會巧用建設性建議，而不是批評，來挖掘員工的最大潛力。父母也可在孩子身上獲得同樣的效果，只要運用得法。批評只會在心中種植恐懼或憎恨，而不是愛心和關懷。

恐懼批評的症狀

這項恐懼幾乎和害怕貧窮一樣隨處可見，對個人成就有着同樣致命的影響，因為這種恐懼會摧毀主動性，扼殺想像力。這種恐懼的主要症狀有：

太關注自我。通常的表現是緊張、害怕與人交談、不敢見陌生人、手足無措、眨眼。

不鎮靜。表現為聲音失控、在他人面前緊張、體態不佳、記憶力差。

沒有個性。缺乏決斷力、個人魅力以及明確表達意見的能力。無法公正面對問題，習慣於逃避。對他人意見不加深思，總是人云亦云。

自卑。口頭及行為上習慣的自誇掩飾自卑感；使用「生僻字眼」以期給人留下印象，但經常並不了解那些字眼的確切含義；模仿他人的衣着、言談和舉止；誇耀虛構的成就，表現出一種優越感。

奢侈。試圖像有錢人一樣花錢，但經常入不敷出。

缺乏主動性。無法掌握自我提高的機會，害怕表達意見，對自己的構想缺乏信心，對上司的問題閃爍其詞，言談舉止猶豫不決，言行中暗藏欺騙。

缺乏抱負。身心懶惰，缺乏主見，易受影響；人後批評，人前奉迎，習慣於毫無異議地接受失敗，或因他人不滿而中止工作；毫無理由地懷疑他人，行為言談缺乏技巧，犯了錯誤也不願接受批評。

恐懼病痛

這項恐懼可追溯到身體和社會的遺傳特性。它的根源，則和恐懼年老和恐懼死亡密切相關，因為它會把人帶到萬事皆無可知的「恐怖世界」的邊緣。人類只是通過一些令人不快的故事來了解這個未知世界，對它的認識。同時，一種相當普遍的看法認為，某些不道德的人，會通過提醒人們對病痛的恐懼而從事「出售健康」的生意。

　　主要來說，人害怕病痛，是因為心中對死亡可能帶來的不確定性後果產生了恐怖印象。此外，病痛可能帶來的經濟負擔也是令人恐懼的原因。

　　一位頗具聲譽的內科醫生估計，在所有尋求醫生專業服務的人當中，有75％的人患的是憂鬱症（即假想的疾病）。據可靠的事實顯示，對於病痛的恐懼，即使毫無理由，往往產生與所害怕疾病一致的身體症狀。

　　人類的心理作用真是強大而有力！它既可以成事，也可以敗事。

　　數年前進行的一連串實驗證實，暗示可以使人生病。我們的實驗是請三個熟人拜訪「受害者」，並讓他們分別問這個同樣的問題：「你怎麼了？你看起來病得很嚴重啊。」實驗對象對第一個發問者通常會笑一笑，若無其事地說：「喔，沒事，我很好。」第二個發問者得到的答案通常是：「我也不太清楚，但我真覺得很不舒服。」回答第三位發問者時，實驗對象通常會坦白承認自己真的病了。

　　假如你不相信這種實驗真的會讓受訪者不適的話，找個熟人試驗一下，但不要過火。有一個教派的會員就是以巫術來報復敵人。他們在受害者身上「下咒」，因為他們相信咒語會變成現實。

　　有大量證據顯示，疾病有時始於消極的意念衝動。這種衝動可以通過暗示由一個人傳給另外一個人，或者從一個人的內心中自己產生出來。

　　記得有個人曾說：「別人問我怎麼了時，我總想回敬他一拳。」這個人顯然比上述案例中的人更聰明。

　　醫生會要求病人為了健康而到一個新環境中去，因為「心態」的改變對健康是必要的。恐懼病痛的種子深埋在每個人心中。焦慮、恐懼、沮喪、情場與事業失意，都會促使這顆種子萌芽、生長。

　　位居病痛恐懼原因之首的是事業與情場的失意。有個年輕人因為愛情失意而進了醫院。他在生死之間徘徊了幾個月。後來請來一位心理治療專家。專家換掉護士，請來一位非常迷人的姑娘照顧他，她從接受這項工作的第一天起，就開始向這個病人表達愛意（經醫師的事先安排）。不到三個星期，病人就出院了，雖然仍然痛苦，卻是全然不同的病。因為他又戀愛了。此前的療法雖然是一個騙局，但後來病人和護士真的結婚了。

　　這幾乎是一種普遍性的恐懼，其症狀有：

　　負面的自我暗示。習慣於消極地利用自我暗示，總是尋找並預期找到各種疾病的症狀。「沉湎於」想像中的疾病，還煞有其事地大加談論。習慣於嘗試他人推薦的「時尚」和「學說」，認為這些東西有價值。與他人談論手術、意外以及其他疾病形式。在沒有專業指導下試驗各種節食、健身運動和減肥計劃。嘗試家庭藥方、專利藥品和「江湖郎中」的藥。

　　憂鬱症。習慣談論疾病、注意疾病、預期會生病，直至最後精神崩潰。藥瓶裏的藥無法治療這種情況。它是由消極思想產生的，只有積極的意念才能產生療效。據說憂鬱症有時候和個人所擔心的疾病，對人造成的傷害一樣大。大部分所謂的「精神」病例是來自於想像的疾病。

　　疏於運動。恐懼病痛常會使人懶於戶外活動，使人缺

乏適當的體育運動，從而導致體重過重。

抵抗力差。恐懼疾病會破壞身體的自然抵抗力，並為各種可能的傳染病創造合適的環境。

恐懼疾病通常和恐懼貧窮有關係，尤其是在臆想的情況下，人會不斷地擔心可能要付的醫療費用。這種人會花很多時間作生病準備、談論疾病、存錢買墓地和支付喪葬費等。

自憐。習慣用想像的疾病引人同情（人們經常用這種伎倆逃避工作）。習慣裝病以掩飾懶惰，或以此作為缺乏抱負的託辭。習慣閱讀有關疾病的文章，擔心可能染上疾病。習慣閱讀專利藥品廣告。

放縱。習慣利用酒或毒品消除頭痛、神經痛等等，卻不尋找致病的根源。

恐懼失去愛情

這項與生俱來的恐懼顯然源於男人有竊取他人之妻的一夫多妻習慣，而且只要可能，就想為所欲為。

妒忌和其他類似的精神疾病產生於人類天生對於失去他人之愛的恐懼。這種恐懼是六種恐懼中最痛苦的。它可能比其他基本恐懼對人身心的傷害更加巨大。

對失去愛情的恐懼或許要追溯到石器時代，那時候，男人要靠蠻力竊取女人。至今他們還在竊取女人，只是技巧改變了。現在他們不用暴力，而改用勸誘方式，許之以華服、名車和其他比體力更有效的「誘餌」。男人的習性在文明曙光出現後別無二致，只是表現方式不同而已。

分析顯示，女人比男人更易感受到這種恐懼。這很容易理解。

這種恐懼的明顯症狀有：

妒忌：習慣毫無根據地懷疑朋友和親人，常常毫無道理地指責妻子（或丈夫）不忠。通常對人心存懷疑，不信任任何人。

挑剔：習慣於因為小問題或毫無理由地挑剔朋友、親人、同事和所愛的人。

賭博：習慣以賭博、偷竊、欺騙或冒險方式以金錢博取所愛之人的歡心，認為愛情是可以購買的。習慣於透支或借貸，購買禮物給所愛的人，以博得好印象。表現為失眠、缺乏毅力、意志軟弱、缺乏自制、缺乏自立和脾氣暴躁等現象。

恐懼衰老

造成這種恐懼主要有兩個來源：第一，認為老年將導致貧窮；第二，也是最普遍的來源，是過去錯誤而殘酷的教訓。

在人們對老年的恐懼中，有兩個非常傳統的理由：一是出於人對同類的不信任，因為他人可能攫取他所有的世俗財產，另一種原因是對死後世界的恐怖印象。

人老後，很有可能容易生病，這也是導致恐懼年老的原因。情欲也在恐懼年老的原因之列，因為沒有人希望性吸引力衰減。

恐懼年老的最普遍原因和可能的貧窮有關。「養老院」

並不是個美好的字眼。任何人只要一想到要在養老院中度過餘生，心裏就不免一片淒涼。

另一個害怕年老的原因就是可能會失去自由和獨立，因為伴隨年老而來的可能就是喪失身體和經濟兩方面的自由。有人年老後行為遲緩，自卑情緒嚴重，因為他們認為自己年老了就不再有主動性、想像力和自立能力，從而真正喪失了這些能力。

這種恐懼最常見的症狀是：

早衰：約 40 歲左右 —— 心理成熟的年齡 —— 就開始行動遲緩並產生自卑感，錯誤地認為自己因為年齡的增長正在失去自我。（其實，40～60 歲正是一個人的黃金時期，身心兩方面都是如此。）只因自己四五十歲了就習慣認為自己「老了」。相反，一個人應該因為到了這個充滿智慧和領悟的年齡而心存感激。

不思進取：錯誤地認為自己太老，而扼殺了進取心、想像力和自立能力。

故作年輕：40 歲的人習慣追求年輕人的服飾和愛好，經常只會招來朋友與陌生人的嘲弄。

恐懼死亡

對一些人來說，這是所有基本恐懼中最殘酷的一種。原因很明顯。數千年來，人類一直在問：「來自何處？」和「去向何方？」這是兩個至今仍然沒有答案的問題。我來自何處？該往何處去？所以說，對「來生」的無知，是產生這種恐懼的主要原因。

隨着科學的發展，我們知道了，組成這個世界的只有兩種東西：能量和物質。根據基礎物理，我們知道物質和能量（人類已知的兩個僅有事實）都無法被毀滅。

如果生命是一種東西，那麼它就是能量。如果能量和物質都無法被毀滅，那麼生命也是如此。生命就像其他能量形式一樣，可以通過不同的轉化或變化過程傳遞下去，但無法被毀滅。死亡只是一種轉化而已。

如果死亡不只是改變或轉化，那麼死亡之後就只是漫長、永恆和寧靜的睡眠，而睡眠沒有甚麼可怕。所以，你可以永遠地消除對死亡的恐懼。

這種恐懼的總體症狀為：

總是考慮死亡，而不能盡情享受生活，這通常是因為缺乏目標或沒有合適的工作所致。這種恐懼經常出現在年紀較大的人身上，但有時年輕人也經常會想到死亡。

克服死亡恐懼的最佳良藥就是追求成就的熾烈欲望，對人類作出一些有意義的事。忙碌的人無暇想到死亡。

它與恐懼貧窮有關，因為一個人可能會擔心自己的死亡會讓親人陷入貧窮。

有時它與病痛或身體抵抗力崩潰有關。恐懼死亡的最常見原因是：健康狀況不佳、貧窮、沒有合適的工作、愛情失意、精神錯亂。

憂慮

憂慮是建立在恐懼之上的一種心態，它的作用緩慢而持久。它陰險而狡猾，一步步地「滲透進來」，直到瓦解

你健全的理智，毀掉你的自信心和主動性。憂慮是因猶豫引起的持續性恐懼，因此是一種可以控制的心理狀態。

混亂不安的心是無助的。猶豫正是造成內心不安的主犯。大部分人缺乏果斷決策和持之以恆的意志力。一旦下了決心，採取了明確的行動，我們就不會為面臨的情況而憂慮。

有一次，我會見了一個在兩小時後即將面臨死刑的人。這個死刑犯是和他一同關在死牢中的八個人中最平靜的一個。他的平靜讓我好奇，很想知道他不久將面對死亡，會是甚麼樣的感受。他帶着一種自信的微笑告訴我：「感覺好極了。試想，兄弟，我的困擾馬上就要結束了。為了衣食而奔波真的很辛苦。很快我就不需要這些東西了。自從知道必死無疑的那一刻，我就感覺如釋重負。那時我就決定要愉快地接受它。」

說話的同時，他吃了足夠三個人吃的晚餐，一口都不剩，而且吃得很香甜，好像根本沒有任何災難擺在面前一樣。決心讓這個人辭別了命運！決心也可以讓一個人拒絕接受逆境。

六種基本恐懼會通過猶豫不決轉化為憂慮。如果承認死亡是不可避免的，就能使自己永遠不再恐懼死亡；如果下決心無憂無慮地靠所得財富生活，就能消除對貧窮的恐懼；如果決心不在意他人的想法、做法或說法，就可以戰勝對批評的恐懼；如果下決心不再視年老為障礙，而視其為一項能帶來年輕時所沒有的智慧、自制和領悟的一件幸事，就可以消除對年老的恐懼；如果下決心忘掉病症，就可以免除對病痛的恐懼；如果下決心在必要時過沒有愛的

生活，就可以戰勝對失去愛的恐懼。

只要下決心，覺得生活中其實沒有一樣東西值得付出憂慮的代價，就能消除憂慮的習慣。有了這種決心，就能產生內心的鎮定與平靜，帶來幸福與平和心態。

心中充滿恐懼的人不僅會毀了自己採取理智行動的機會，還會將這些破壞性的震波傳遞給不能接觸他的人心中，同時也會毀了他們的機會。

主人缺乏勇氣時，就連他的狗或馬也能感覺到。狗或馬也能接收到主人傳達出來的恐懼震波，而且會表現出同樣的情緒，並採取相應的行動。智力水平較低的動物，也有接收恐懼震波的能力。

破壞性思考的害處

恐懼的震波會迅速地從一個人傳給另一個人，傳播的速度就像人的聲音從廣播站傳到收音機的接收裝置一樣。人的想法可以自動地從一個人傳給另一個人，無論釋放或接收這一想法的人能否發現這一事實。

口頭表達消極或破壞性思想的人必然會得到那些破壞性言語的「反作用」。單純的破壞性意念衝動，如果沒有經過言語的表達，也會以不只一種方式產生「反作用」。首先，也可能最該記住的一點是，釋放出破壞性意念的人一定會因創造型想像力的破壞而遭受損失。其次，心中出現破壞性情緒會導致憎恨別人，並將他們視為敵手，這種不幸會讓人退避三舍。喜歡或釋放消極思想的第三個傷害來源是，這些意念衝動不只對他人有害，也會蘊藏在自己

的潛意識中,並在潛意識中成為自身人格的一部分。

　　人釋放出某種消極的想法,便會受到這個想法的傷害,因為當他釋放這個想法時,它已經根植於釋放者的潛意識當中了。

　　假設你的生活目標就是要獲得成功。首先要有平和的心態。獲得生活的物質需要,最重要的,就是要得到幸福。成功的所有這些跡象始於意念衝動的形式。

　　你可以控制自己的意志,有權在其中注入自己選擇的任何意念衝動。你有這種特權,也有責任以建設性方式使用它。你有能力控制自己的意志,也一定能掌握自己的命運。你可以影響、指引並最終控制你所處的環境,創造自己想要的人生 —— 你也可能忽視了這種特權的使用,而將自己置身於廣闊的「海洋」,而你自身就像海浪中的小木屑,隨波逐流,漂泊無依。

成　功　人　士
checklist

☑ 我們必須消滅三個敵人：猶豫、懷疑和
恐懼。

☑ 接受財富只需一樣東西——心態。

☑ 位居病痛恐懼原因之首的，是事業與情
場的失意。

☑ 六種基本恐懼會通過猶豫不決轉化為憂
慮。

16

魔鬼的工作室

這種邪惡力量之所以是危險，
因為它會以眾多的不同方式發動攻擊。
This evil is dangerous because it strikes in
as many different forms.

普通人：
假如我擁有……
就不會……

成功的人：
盡力抵抗消極情緒的影響！

第七種邪惡力量

除了六種基本恐懼之外，還有一種使人深受其苦的邪惡力量。它為失敗的種子提供了茁壯成長的沃土。它的存在非常微妙狡猾，所以人們通常察覺不出它的存在，這種痛苦無法適當地界定為某種恐懼。與其他六種恐懼相比，這種恐懼隱藏得更深而且更致命。因為想不出更好的名稱，我們姑且稱它為「對消極影響的易受性」。

成為巨富的人總想讓自己避開這種邪惡力量的侵擾，而貧窮者則從沒做到這一點。任何行業中想取得成功的人必須隨時準備抵制這種力量。假如你是為了致富而讀本書提到的哲學，就應該仔細審視自己，衡量自己是否易於受消極情緒影響。如果你忽視了自我分析，你將會喪失實現目標的權利。

分析要進行得徹底。讀過自我分析的問題後，仔細考慮自己的答案。做這項工作時要非常謹慎，就好像在找出一個真切的敵人，這個敵人正埋伏着，伺機攻擊你的缺點。

你可以很容易地免受公路強盜的襲擊，因為法律為你提供了有組織的協作以保障你的利益，但「這第七種邪惡力量」卻難對付得多，因為它總在你毫無察覺的情況下襲擊你，包括在你熟睡和清醒時。此外，它的武器是無形的，因為它純粹是一種精神狀態。這種邪惡力量之所以是危險，還因為它會以眾多的不同方式發動攻擊。有時候，它會通過親人善意的話語進入你的心中，有些時候則通過你自己的態度進入心中，由內而外的傷害你。它就像毒藥

一樣致命，雖然沒有毒藥那樣迅速。

如何抵禦消極影響

　　要積極對抗消極影響力，無論這種影響是自己造成的，還是周圍消極情緒者的行為所導致的。這就需要自己要有意志力，並經常使用它，直到在你心中築起一道對抗消極影響力的免疫圍牆。

　　要知道，你和其他人一樣，在天性上都是懶惰、冷漠，易於接受與自己弱點一致的暗示。

　　要知道，人在天性上容易受六種恐懼的影響，要形成對抗這些恐懼的習慣。

　　也要知道，消極影響力經常會通過潛意識對人起作用，因此很難察覺緊，很多人以這樣那樣的方式讓你消沉沮喪，對這樣的人要閉心門，**要想法與那些能促使你去獨立思考並行動的人為伍。**

　　清理你的藥箱，丟掉藥瓶子，別再考慮感冒、疼痛、不適和想像中的疾病。

　　刻意與能夠影響你、讓你為自己思考和行動的人為伴。

　　別期待麻煩的出現，因為它們絕不會讓你「失望」的。

　　無疑，人類最普遍的弱點，是習慣於敞開心靈接受他人的消極影響。這項弱點非常危險，因為大部分人感受不到自己受到的傷害，而許多體會到它的人又常常拒絕正視這個問題，直到它最終成為你習慣中不可控制的一部分。

　　為了幫助那些希望看到真正自我的人，我準備了一份

問卷。閱讀這些問題，然後大聲說出答案，讓自己聽到自己的聲音。這樣會讓你更加真誠地對待自己。

自我分析問卷

1. 你經常抱怨「不舒服」嗎？如果是，原因何在？
2. 你會經常為小事指責別人嗎？
3. 你經常在工作上出錯嗎？如果是，為甚麼？
4. 你的言談尖刻、傷人嗎？
5. 你是否刻意避免與人交往？如果是，為甚麼？
6. 你經常消化不良嗎？如果是，是何原因？
7. 你是否認為生活無聊無益、未來無望？如果是，為甚麼？
8. 你喜歡自己的工作嗎？如果不喜歡，為甚麼？
9. 你經常憐惜自己嗎？如果是，為甚麼？
10. 你妒忌那些比你強的人嗎？
11. 你會花更多時間考慮成功還是失敗嗎，在哪件事上花的時間最多？
12. 年齡越大，你是越有自信還是越不自信？
13. 你能從錯誤中汲取寶貴的教訓嗎？
14. 某位親人或熟人正在令你擔憂嗎？如果是，為甚麼？
15. 你是否有時會「心比天高」，有時又陷入失意的深淵？
16. 誰對你最具有激勵作用？原因是甚麼？
17. 你能容忍本來可以避免的消極情緒的影響嗎？

18. 你是否不在意個人外表？如果是，甚麼時候、為甚麼不在意？

19. 是否讓自己忙忙碌碌，以「淹沒困難」從而擺脫其干擾了嗎？

20. 假如你任由別人來代你思考，你會覺得自己是「沒骨氣的弱者」嗎？

21. 你是否忽視了心靈的淨化，導致自身中毒，變得暴躁易怒？

22. 有多少本來可以預防的干擾令你苦惱？為甚麼你要容忍它們？

23. 你借助酒精、藥物或香煙來安神嗎？如果是，為甚麼不試着借助意志力呢？

24. 有人對你「嘮叨不休」嗎？如果有，為甚麼？

25. 你有明確的人生目標嗎？如果有，是甚麼？你制定實現這個目標的具體計劃了嗎？

26. 你有六種恐懼中的某一種嗎？如果有，是哪些？

27. 你有抵禦他人消極影響的方法嗎？

28. 你是否刻意用自我暗示來激發積極向上的心態？

29. 你最看重的是甚麼，是物質財富，還是控制自己意志的能力？

30. 你是否易受他人影響，結果輕易否定自己的判斷力？

31. 今天你的知識寶庫或心態收到任何有價值的東西嗎？

32. 你是勇敢地面對使你不快樂的環境，還是逃避責任？

33. 你是分析所有的錯誤和失敗並從中受益，還是推諉責任？

34. 你能說出自己的三種最大的弱點嗎？你打算如何彌補？

35. 你是否因同情而助長別人將憂慮傳染給你？

36. 你是否從日常體驗中選擇對提高自我有幫助的經驗教訓或影響？

37. 你的表現通常給他人帶來消極影響嗎？

38. 你最討厭別人的甚麼習慣？

39. 你會有自己的主見，還是會讓他人輕易影響你？

40. 你是否已經學會形成一種心態，以抵禦所有令人氣餒的影響力？

41. 你的職業能激發你的信心和希望嗎？

42. 你是否意識到自己有足夠強大的精神力量，從而使內心免受各種形式的恐懼？

43. 你的信仰能幫助你常保持積極心態嗎？

44. 你認為有責任分擔他人的憂慮嗎？如果有，為甚麼？

45. 假如你相信「物以類聚，人以群分」，那麼通過分析你的朋友，你對自己有哪些了解？

46. 你和與你交往最密切的人是一種甚麼關係？這種關係有可能造成任何不愉快嗎？

47. 你視為朋友的人是否可能實際上是你的最大敵

人，因為他對你帶來了消極負面的影響，這種事有可能發生嗎？

48.你用甚麼標準判斷誰對你有益，誰對你有害？

49.在一天 24 小時中，你花多少時間做以下事情：

（1）工作

（2）睡眠

（3）娛樂與休閒

（4）獲取有用知識

（5）混日子

50.你的朋友中誰—

（1）最能激勵你？

（2）最能提醒你？

（3）最能挫傷你？

（4）以其他方式幫助你最多？

51.你最憂慮的事情是甚麼？為何要容忍它？

52.當別人主動提供建議時，你是毫無疑問地接受，還是先分析其動機？

53.你最渴望的東西是甚麼？你打算獲得它嗎？你願意為它而壓抑其他欲望嗎？為了得到它，你每天投入多少時間？

54.你經常改變想法嗎？如果是，為甚麼？

55.你做事通常都能善始善終嗎？

56.你是否容易對他人的事業或職業頭銜、學位或財富而心生敬意？

57.你容易受他人對你的評價的影響嗎？

58.你會因為別人的社會或經濟地位而奉迎他

們嗎？

59. 你認為誰是當今最偉大的人？這個人在哪方面
比你出眾？

60. 你花了多少時間研究與回答這些問題？（分析
和回答全部的問題至少需要一天的時間。）

假如你已經如實回答了所有問題，那你就比大多數人
更了解自己。仔細研究這些問題，每週再回顧一次，如此
堅持數月。只要如實回答這些問題，你就會驚訝地發現，
這麼簡單的方法就能獲得極其珍貴的自我認識。假如對其
中一些問題的答案模稜兩可，就請教一下了解你而沒需要
迎合你的人，從他們的眼睛中看自己。這將是一種令人意
外的體驗。

你唯一能絕對掌控的東西

你能絕對掌控的只有一樣東西，就是你的思想。在人
類已知的事項中，這是最具意義和鼓舞力量的，它反映了
人類享有的神聖特權。這項神聖的特權是你控制自己命運
的唯一途徑。如果無法掌握自己的意志，那你一定也無法
控制任何其他事物。假如你一定要輕率地處理屬於自己的
東西，希望它只是物質上的東西。意志是你的精神財富！
要小心呵護和使用這項上天賜予你的財富。為此，上天還
賦予你意志力。

遺憾的是，法律並不制裁那些以消極暗示來毒害他人
心靈的人，無論這樣做是有意還是無心。這種破壞行為其

實應該受到法律的嚴懲，因為它隨時可能毀掉一個人獲得合法財富的機會。

有消極思想的人曾企圖使愛迪生相信自己造不出可以錄製和播放聲音的機器，他們說：「因為，沒有人製造過類似的機器。」愛迪生不相信他們。他知道「人可以創造出任何他能想像出來的東西」，正是這種認識，使愛迪生超脫於芸芸眾生之上。

有消極思想的人也曾告訴伍爾沃斯，如果他想經營一家雜貨店，一定會破產的。他不信他們的話。他知道，假如以信念支撐自己的計劃，他有能力在合理範圍內做成任何事情。他運用自己的權力，摒棄他人的消極暗示，結果成了億萬富翁。

福特在底特律的街道上試驗他製造的粗糙汽車時，心存懷疑的人輕蔑地嘲笑他。有些人說，這種東西決不實用。有些人則說，沒人會花錢買這種玩意兒。福特說：「我一定要造出實用的汽車。」他做到了！追求巨額財富的人要記住一點，福特和多數工人之間唯一的不同是：福特有意志，而且能控制自己的意志。其他的人也有意志，但他們卻不努力控制自己的意志。福特的經歷顛覆了一個托詞：「我沒有機會」，他從來沒有機會，但他給自己創造了機會。

意志控制是自律和習慣的結果。如果你不控制自己的意志，它們就會控制你。二者沒有妥協餘地。控制意志最實際的辦法就是讓大腦保持一個忙碌的習慣，讓它為了既定目標而忙於付諸行動。研究一下成功人士的生平，你就會注意到，他們掌握了自己的意志，此外他們應用這種控

制力，引導它實現明確的目標。沒有這種控制力，就不可能成功。

57 種常用的「假如」藉口

不成功的人有一個顯著的共性。他們知道失敗的所有原因，而且為自己沒有成功，準備了一大堆無懈可擊的託辭來為自己辯解。

這些託辭有些很聰明，有些還有事實可供驗證。但託辭不能賺錢。世人只想知道一件事 —— 你成功了嗎？

一位個性分析家曾編了一份最常為人使用的託辭。在看這份清單時，請認真反省自己，找出裏面有多少項是你經常使用的。還要記住，本書提出的哲學將使每一項託辭無法立錐。

1. 假如我沒有成家……

2. 假如我有吸引力……

3. 假如我有錢……

4. 假如我受過良好教育……

5. 假如我能找到工作……

6. 假如我有個好身體……

7. 假如我有時間……

8. 假如趕上好時代……

9. 假如別人能理解我……

10. 假如我所處的環境不是這樣……

11. 假如能重活一遍……

12. 假如我不在乎「他們」怎麼說……

13. 假如過去我能有機會⋯⋯

14. 假如現在我能有機會⋯⋯

15. 假如別人不討厭我⋯⋯

16. 假如沒有甚麼能阻礙我⋯⋯

17. 假如我能更年輕⋯⋯

18. 假如我可以做自己想做的事⋯⋯

19. 假如我生來富有⋯⋯

20. 假如我能遇到「貴人」⋯⋯

21. 假如我具有別人那樣的天賦⋯⋯

22. 假如我敢維護自己的權利⋯⋯

23. 假如我抓住了過去的機會⋯⋯

24. 假如沒有人刺激我⋯⋯

25. 假如我不用料理家務、照顧孩子⋯⋯

26. 假如我可以存點錢⋯⋯

27. 假如老闆賞識我⋯⋯

28. 假如有人能幫我⋯⋯

29. 假如家人理解我⋯⋯

30. 假如我住在大城市⋯⋯

31. 假如我現在就能開始⋯⋯

32. 假如我有空⋯⋯

33. 假如我有某人的個性⋯⋯

34. 假如我不這麼胖⋯⋯

35. 假如別人知道我的才能⋯⋯

36. 假如我有「運氣」⋯⋯

37. 假如我能擺脫債務⋯⋯

38. 假如我沒有失敗⋯⋯

39. 假如我知道怎麼做……

40. 假如沒有人反對我……

41. 假如我沒有這麼多擔憂……

42. 假如我嫁（娶）對人……

43. 假如別人不是那樣不願替我說話……

44. 假如家人不那麼奢侈……

45. 假如我對自己有信心……

46. 假如我不是時運不濟……

47. 假如我不是生來命運不佳……

48. 假如事情該怎樣就怎樣……

49. 假如我不用這麼辛苦地工作……

50. 假如我沒有損失錢財……

51. 假如我住在另一個社區……

52. 假如我沒有「過去」……

53. 假如我有自己的事業……

54. 假如他人肯聽的話……

55. 假如……這是所有假如中最重要的一個……假如我有勇氣面對自我，就能找出自己的毛病，並加以改正，那麼我就可能有機會從錯誤中受益，從他人的經驗中學到一些教訓。

還有，假如我多花點時間分析自己的弱點，假如少花些時間尋找託辭，也許現在早就達到我想達到的個人境界了。

尋找託辭並以它來為失敗辯護，這是所有的人都樂此不疲的陋習。這個習慣從古就有，而且是成功的致命障礙！為甚麼人們還要死守着這些託辭呢？答案很明顯。因

為這些託辭正是他們自己創造的！一個人的託辭就是他自己想像力的產物，而保護自己思想的產物（就像保護自己的孩子）是人的天性。

編造託辭是個根深蒂固的習慣。習慣是很難打破的，尤其當它們可為我們的行為提供辯護時更是如此。「最大的勝利是戰勝自我。在所有的事情當中，被自我征服則是最恥辱和最丟臉的事。」當柏拉圖說這番話時，他已經明白了這一真理。

另一位哲學家也有同樣的見解。他說：「我在別人身上看到的大部分醜惡，竟只是我自己本性的反射，這讓我驚訝不已。」

「我實在百思不得其解，」艾爾伯特·哈伯德說：「為甚麼人們要花這麼多時間刻意製造託辭、掩飾弱點來自欺？假如把時間用在別處，足以用來克服這些弱點，那樣，也就不需要託辭了。」

結束前，我要提醒你：「生命就像一盤棋，你的對手就是時間。假如你舉棋不定或猶豫不決，你的地盤將被時間佔據，因為時間這對手不會容忍你的猶豫不決。」

以前你可能有合理的藉口，來解釋為甚麼無法強迫生活給予你要求的一切，但現在那個託辭已毫無用處，因為你已經掌握了開啟人生財富之門的金鑰匙。

這是一把無形的金鑰匙，但它的力量極為強大！它就是在你心中創造強烈欲望、讓你獲得確定財富的權力。使用這把鑰匙不會受到任何懲罰，不使用它則需付出一定代價。這個代價就是失敗。假如你使用這把鑰匙，就會得到驚人的回報。這個回報就是滿足感，而這種滿足感屬於那

些征服自我，向生活索取回報的人。

這種回報值得你為之而努力。你相信了嗎？着手了嗎？

不朽的愛默生曾説：「假如有緣，我們就會相遇。」最後，讓我借用他的思想説：「假如有緣，通過本書，我們已經相遇。」

成 功 人 士

☑ 要想法與那些能促使你去獨立思考並行動的人為伍。

☑ 你能絕對掌控的只有一樣東西,就是你的思想。

☑ 意志控制是自律和習慣的結果。

☑ 世人不在乎託辭,只在意「你成功了嗎?」

附 錄 一

《思考致富》心理測驗

按：《思考致富》提出的成功哲學，講求個人對自我的檢視，從而作出適切行動，如此方能取得實在的成果。本附錄所載的心理測驗，正是根據書中提出的內容而設計，幫助你徹底審視自己，重新出發，踏上成功之道。

測驗部分

　　為自己的致富力量評分。以下這部分的測驗和程式要在你充分準備好後才能進行。這表示要：

　　1. 預覽《思考致富》，如行動計劃所解釋過的方式；

2. 閱讀、註釋要不然就是「進行」《思考致富》，如行動計劃所解釋過的方式。

當你審慎認真地完成以上步驟後，表示你已準備好進行下面的部分了。

按照要求，依序看這些問題及其他資料。有些時候你會發現資料是依據《思考致富》而來，或者是和書裏的資料密切相關。這是刻意安排的，並且遵循了禁得起考驗的學習模式。將每個問題都當成是初次見到的問題一樣去回答。遵循所有的指示。按指示為自己評分。

測驗一

將《思考致富》的每一頁看過一遍。將每個你劃了線的副標題寫在單獨的資料卡上。

將這些卡片放在桌上。認真分析，尋找在你的選擇中可能顯露出來的模式。有人發現了適於立即行動的模式，適於內省思考的模式等。別受他人的指引或影響。尋找你的模式。假如一小時後，你還找不到明顯可辨的模式，就將卡片收起來，三天後再試。

假如還是找不到明顯的模式，那麼就從你在本文裏所劃的諸多重點中去找。你總能找到一種模式。

找出模式後，仔細寫到你的筆記中。將卡片留待未來參考用。

測驗二

表一列了恐懼的十種普遍原因。別停下來考慮自己可能

因為具有這當中的任何恐懼而「受責」，只問它們是否適用於你。每題依所示的 1 到 3 種程度，為自己評分。如果你真的認為自己的情形剛好介於兩個等級之間的話，就給自己一個非整數的評分——如 1.5 或 2.5。將自己的評分填在最右面一欄。做完後，將總分加於該欄底下。

測驗三

表二列出內疚的十大原因。就算你具有某種內疚，也別因而停下來考慮自己應受的「譴責」，只問自己是否有此情形。依據指示按 1 至 3 級程度為自己評分，或者給自己 1.5 或 2.5 分，假如你認為這樣最準確的話。將你的評分填在最右面一欄。做完後，再將總分填在該欄最後面。

測驗四

表三列了敵意的十種普遍原因。盡可能客觀地反省自己。每項依程度為自己評 1 至 3 分，或者假如你覺得自己的情況介於兩者之間，就評分為 1.5 或 2.5。將評分填在最右面一欄。最後將總分填在該欄底下。

測驗五

表四列了會影響自信心的十個普遍因素，每一項都要仔細誠實地為自己評分。需要的話，也可以給自己中間的分數。將每一項的評分填在右欄，然後將總分填在該欄底下。

這時你一定注意到了這些測驗的「重複性」，着重於各項人格因素的獨立性。

測驗六

表五所列的是使人無法真正成熟的十項負面因素。按上述方式為自己評分，必要時可用中間分數，如 1.5 或 2.5。將評分填在右欄，再將總分填在該欄底下。

表一

恐懼的根源	恐懼程度			評分
	1	2	3	
童年對父母的恐懼	過去我通常害怕父母。	我以前有時很怕父母	我不記得怕過父母。	
自覺無能	面對問題時，我深感無力。	面對問題時，我有時會覺得能力不足。	我幾乎總是覺得有能力處理自己的問題。	
對工作的恐懼	我害怕失去工作（或其他收入）。	我偶爾會擔心工作的穩定性。	我對自己的謀生能力有絕對信心。	
他人的看法	我總是擔心別人的看法。	他人的看法有時候會煩擾我。	我從不因他人對我的看法煩心。	
生活中的挑戰人物	挑戰者總令我害怕或不安。	我對這種人避而遠之。	我無懼於任何人。	
無害的動物，如狗	我就是會害怕貓狗。	貓狗會令我有點不安。	小動物從不令我害怕。	

（續）

恐懼的根源	恐懼程度			評分
	1	2	3	
對愛沒有安全感	我一直害怕失去所愛。	有時我會想到失去愛情。	我對自己的愛情關係很有信心。	
健康	我總覺得會患重疾。	偶爾我會覺得健康出現警號。	我不擔憂自己的健康。	
決定	作任何決定總讓我苦惱萬分。	有些必須作出的決定令我煩惱。	我總是能當機立斷。	
責任	可能的話我絕不擔負責任。	非我莫屬的責任我才負。	我欣然擔負責任，甚至主動尋求責任。	

表二

內疚的根源	內疚程度			評分
	1	2	3	
意圖中傷他人	我一直在破壞他人的名譽。	我過去曾中傷他人，但現在不會。	我從不譭謗或用話傷害別人。	
不守信	我似乎總免不了會食言。	那是過去了，現在我説話算話。	我一向都信守承諾。	
偷竊	那又怎樣？它讓我得到迫切需要的「運氣」。	我過去的偷竊行為可鄙可惡，現在我已不再偷竊。	我從不偷竊——即使是偷別人的時間。	

（續）

內疚的根源	內疚程度			評分
	1	2	3	
對性總覺得「不對勁」	向來如此，將來也會如此；性和罪惡不可分。	我有時覺得性是錯誤的，但非一直都如此。	我認為性是健康、自然而愉悦的。	
你的生活毫無計劃	從沒有任何事情是按計劃而行的。	有些目標我如願以償。	我總是能着眼於明確目標，並實現它。	
自覺令別人失望	很顯然，我令所有的人都相當失望。	我知道自己偶爾令人失望。	我總是不負眾望。	
疏忽了家人	很慚愧，但我自知忽略了心愛的人。	我偶爾忽略對家人的責任。	我對家的盡責與關愛是全家人一直都肯定的。	
工作機會	好機會？我眼睜睜看它們溜掉。	我至少試着找好些工作！	我一直在尋求更高、更好的工作。	
言行欺瞞	我就是忍不住——只能這麼說。	我可能有時候會說謊或欺騙。	無論如何，我就是不說謊或欺騙。	
不把握教育機會	我拒絕承認知識是值得追求的。	我對於追求知識曾稍作努力。	我有一套獲得書本知識與其他知識的完整方法。	

表三

敵意的根源	敵意程度			評分
	1	2	3	
羨慕他人	我就是討厭他人擁有我所沒有的。	有些人令我羨慕。	我不曾羨慕任何人。	
妒忌	當我喜歡某人時，就會對他極具妒忌心。	我正學着擺脫嫉妒的狹小器量。	為何要嫉妒？我從沒這種感覺。	
心懷憎恨	我對人對事一直都心懷憎恨。	我偶爾會憎恨。	我極少憎恨。	
火爆脾氣	小心！我隨時會怒吼。	我有時會脾氣失控。	要激怒我很不容易。	
偏執	你要完全接受我的做法，否則我們就形同陌路。	有些不同意我的人可能是對的。	不同的意見和形貌令生活多彩多姿。	
不信任	每個人都在「算計」我，我對誰都不信任。	有些人不足以信任。	我不會毫無根據地懷疑別人。	
背後譭謗	我喜歡在他人背後放箭。	我有時會散播閒話或謠言。	這種行為我不屑為之。	
言詞態度犀利	不管他人多不願聽，我還是喜歡直言不諱。	我偶爾會有過激言詞脫口而出的情形。	我總是和顏悅色。	
缺乏耐心	我是出名的沒耐心，但我不在乎。	我的確時而失去耐性。	人們可以肯定我的耐心。	
嘲諷態度	我經常使用諷刺態度「使自己佔上風」。	有時我會心懷刻薄、出言諷刺。	極少，且只有強調的情況下，我才諷刺。	

表四

自信的根源	自信程度			評分
	1	2	3	
一份好收入	我總是賺不到足夠的錢。	我的情形相當不錯,雖然應該可更好。	我有好收入,且能愉悅享受。	
朋友眾多	對人過目即忘,反正我也不需要他們。	我有一些朋友。	朋友多得數不清。	
外表儀態	僅管說我醜吧,我有自知之明。	我乃中庸之輩。	人家說我儀表出眾。	
一般智力	我似乎並不「具備」──遙不可及。	我認為自己智商普通。	我的智商很高。	
人緣	我相信大家都對我避而遠之。	還算差強人意。	人們樂於與我相處。	
勇氣	我膽小如鼠。	必要時,我會面對人或情況。	多無所畏懼。	
公開演說	絕不行。	我不喜歡,但特殊場合我會發言。	我喜歡發言且喜歡公開演說。	
身體狀況	我健康不良,百病纏身。	我有時候會生病。	我覺得身體強壯且很少生病。	
生活態度	得過且過,態度消極。	有時候很樂觀,有時則很悲觀。	多數時候,覺得生活充滿陽光。	
遇事沉着	緊急狀況令我崩潰。	我承受不了重大壓力。	幾乎任何情況我都能沉着應對。	

表五

不成熟的根源	不成熟程度			評分
	1	2	3	
虛榮好面子	我總是虛張聲勢。	有時我會以假面具來掩飾自己。	我表裏一致。	
自私	當然我總是為自己着想。	的確，我知道自己有時候很自私。	我是有自己的興趣但不至於自私。	
受害情結	我知道許多人想「整我」。	我不時會碰到想傷害我的人。	我沒有敵人也沒有理由樹敵。	
缺乏自制	任何小事都會令我緊張發抖。	我偶爾會失去自制力。	我一向都是自我的主宰。	
拖拉	我就是一個十足的懶人。	有些該做的事情我也會拖拉不前。	我完成工作，且迅速完成。	
貶抑	我喜歡貶低別人。	雖然我不貶人，但也不稱讚人。	我從不貶人，且喜歡鼓勵讚美他人。	
吹噓	聽我自吹自擂！	如果我做了值得吹噓的事，我就要吹。	我讓行動來證明一切。	
殘酷	我很喜歡說令人不快的話。	假如是他自找的，我會讓他如願。	我幾乎從不對人說殘忍的話。	
器量狹窄	固執？我知道自己的看法是對的，到此為止。	在某些事情上，我不願有任何爭論。	我可能「自有想法」，但假如理由充分，我願改變自己的觀點。	

（續）

不成熟的根源	不成熟程度			評分
	1	2	3	
為自己找藉口	書中所列託辭是我的寫照。	有託辭可用時我會利用。	我會使用的託辭必是正當的，但我極少使用。	

分數的意義

你剛完成了各含 10 個題目的 5 項測驗。分數如何？每項測驗的最高分數是 30 分，最高總分數則是 150 分。

雖然總分別具意義，但更重要的是注意並思考你在每個測驗中所得的分數。然後將此分數與你在《思考致富》書中其他類似測驗裏所得的評分（有時是非正式的）相對比。別用及格或不及格來評定自己。最重要的是了解自己。

意義圖表

在致富第六步中，你針對自己的領導質素做過一項簡短的測驗，在每種不同的質素上依程度為自己評 1～5 分。在表上畫線連接你所做的評分，這樣就能畫出一個線形圖。

每隔一個月回頭看一遍這六個圖，持續半年。重新回顧自己的每一種情形。無疑你將改變某些評分。每次再畫新的線形圖。每一頁上你應該都畫有六個圖。同時註明每個圖所畫的日期。許多人對此過程都深深着迷，同時覺得它對於建立致富的自我能力大有裨益，因而將這些測驗複印下來，在半年期滿後仍繼續畫這些圖。

不動搖的勇氣	l	2	3	4	5
自制力	l	2	3	4	5
強烈的正義感	l	2	3	4	5
果斷的決策	l	2	3	4	5
明確的計劃	l	2	3	4	5
不計報酬的工作習慣	l	2	3	4	5
愉悅隨和的個性	l	2	3	4	5
同情與體諒	l	2	3	4	5
掌握細節	l	2	3	4	5
願負全責	l	2	3	4	5
合作	l	2	3	4	5

如何將圖形往右移？

你當然注意到了每個圖形中積極、有利、健康和致富的表示都在右側。月復一月，當你重畫線形圖時，從右移的線條中你就能看到自己的進步。

在此同時，你要如何做以確保線條右移？線條右移表示你逐步在掌控為你帶來財富的自我。

以下是從數百個專案中挑選的內容，刻意不突顯任何人格特點、身體層面或能力。它旨在讓你隨着每個項目思考：這適用於我嗎？為甚麼？

自我分析過的項目，先打半個勾，向下劃一筆即可，如 \ ；稍後，在你確實完成指示的行動過程後，再打完整的

勾，如 √。如此，在回頭參考這些項目時（每次回顧自己的
進步圖時，都應這樣做），你就會注意到任何不完整的勾號。

現在審慎認真地逐一瀏覽下列項目，打半個勾即可：

移動線條計劃

· 我要分析自己的恐懼。

· 我要列出得自他人的協助，他能處理困擾我的情況，
我要向他學習。

· 我要請教明智的顧問。

· 我要停止憂慮，開始行動。

· 我要接受事情出錯的可能性並作周全的計劃。

· 我要堅持讓自己有耐心。

· 我要停止一切閒話、中傷及譭謗。

· 我要與跟自己意見不同的人做朋友。

· 我要克制自己的脾氣。

· 我要擺脫心懷憎恨的情況。

· 我不再羨慕他人所擁有的東西。

· 我要克服妒意。

· 我要停止恨並試着以愛，或至少諒解來取代恨。

· 我要練習寬恕。

· 我要花時間進行充分的體育活動以保健康。

· 我要定期體檢。

· 我不再誇大任何身體的不適，並謹記許多人曾克服過
這些及更嚴重的不適。

· 我要閱讀自己工作領域的資料，同時為樂趣而讀。

・我要繼續學習專業課程以填補我通往成功及幸福之路的教育程度。

・我同時也要學習任何自己可能需要的一般性課程，如公開演講的課程。

・我要多注意自己的服裝儀容。

・我要參加社團及其他活動團體。

・我要確定自己在這些活動中發言。

・我要發展自己的想像力，並進一步使用它，讓它成為通往其他心靈的溝通力量。

・我要在應完成的期限內將工作完成。

・我要認真做好工作。

・我不吹噓，因而也就找不到要為自己的吹噓感到慚愧的理由。

・我要協助而非為難他人，避免在言語、行為或態度上的殘酷。

・我不誇口，無論心裏有多想。

・我不以自己的意見而斥責他人。

・我要尊重自己。

・我要有堅定的目標及實現該目標的明確計劃。

・我要排除對性的罪惡感。

・我要排除所有不當的罪惡感。

・我要不斷地認為自己值得擁有生命中最好的東西。

最後一項指示，複習

你已根據本行動計劃所給的指示讀完《思考致富》。你

已謹慎地遵循了所有的指示。

你已做完所有的測驗。現在 —— 複習！

唯有通過複習，偉大的成功教訓才能深入自我，進而成為個性的一部分。

有些人會忽視複習，不再重新回顧他們的問題，不再通過測驗來增進他們的記憶。這種人也就失去了讓製造奇跡的過程發揮完全功效的機會。

有些人願意複習，結果他們花在複習上的每一個小時所得的回報，就相當於數千美元以及其他各種生活價值。

你是自我命運的主宰，你的動機必將使你前進

沒有人能替你思考，沒有人能替你行動，沒有人能替你成功 —— 唯有你自己能。對這一點你應該感到高興！

記住這句真理：只有想不到，沒有做不到。

因閱讀《思考致富》受到激勵而獲得成功的人有千千萬萬，這是任何一本當代作家的著作所無法比擬的。

現在，思考致富所需的每項秘訣就實實在在地掌握在你的手中了。

附 錄 二

成功哲學的源起

1908年，年輕的希爾在田納西州一家雜誌社工作，同時又在上大學。因為他在工作上表現傑出，被雜誌社派去訪問偉大的鋼鐵家安德魯・卡耐基，卡耐基十分欣賞這個積極向上、精力充沛、有毅力、又有感情的年輕人。他對希爾說：「我向你提出挑戰，你用 20 年的時間去研究美國成功人士的成功哲學，然後得出一個結論。我能為你做的就是幫你寫介紹信並向你引薦這些人，但不會幫你提供經濟上的支援，你能接受嗎？」年輕的希爾相信自己的直覺，並勇敢地接受了他的挑戰。很多年後，希爾博士在他的一次演講中還說：「試想，全國最富有的人要我為他

工作二十年而不給我一丁點薪酬。如果是你，你會對這建議說 YES 或是 NO？如果你是一個所謂的識時務者，面對這樣一個看似『荒謬』的建議，你肯定會拒絕的，但我卻沒有這樣選擇。」

卡耐基對希爾的挑戰中包括了一個明確的目標：研究美國成功之人的成功哲學。而且他還設定了一個達到目標的具體年限是 20 年。計劃定下來之後，希爾遍訪了當時美國最富有的 500 多位傑出人物，對他們的成功之道長期進行了研究，終於在 1928 年，他完成並出版了《成功法則》（The Law of Success）一書。從 1908 年設定目標，到 1928 年目標實現，正好是 20 年。《成功法則》這本書最終震憾了全世界，曾激發無數有志之人成名或成功。七年以後，希爾做了羅斯福總統的顧問。

現在，且讓我們閱讀希爾在《成功法則》的一段文字，看看這套影響無數人生命的成功哲學是如何誕生的。

對我所選擇的終身事業，很多人反對，但令我到感難堪的是，我的妻子也是如此。像大多數人一樣，她希望我能接受一份有固定薪水的工作，以保證每月都有穩定的收入，事實上我確實做過這種工作，這樣每年掙個六千到一萬美金很容易。

我理解太太的的想法，也同情她的出發點。因為我們的孩子還小，我們處處都得用錢。一份穩定的工作，雖然薪水大很多，卻是我們所必需的。儘管我太太的想未能合乎邏輯，但我堅持我的想法。而她的家人及我的家人也加入了她的行列反對我，他們認為，

研究其他人的行為，對一個有精力來做這種「不營利」的事的人而言，是無可厚非的。但對一個要撫養子女的已婚男士來說，顯得不太合適。我還是決心堅持到底。

最後他們慢慢作出讓步。同時，我知道我的選擇給家用造成的困難，我也知道了我最親近的人和家人朋友並不支持我，這都讓我會更努力。幸運的是，並不是所有的人都認為我的選擇不明智，還是有一些朋友鼓勵我，認為我的努力最後會達到成功的頂峰。他們鼓勵我不要被困難或親友的反對嚇倒。

在我最需要時，這一小群朋友給了我最大的鼓勵，而其中發明大王愛迪生的事業夥伴巴斯先生對我鼓勵最重要。

他在將近 20 年前對我所選擇的事業產生了興趣。我想，若不是他對我堅定不移的支持，我可能真的過上了領薪水的輕鬆的好日子。如果我這樣做了，我就可免除生活中的大部分困擾，但也因此就毀掉了我一生的希望。到最後，我也可能因此失去最美好、最寶貴的東西 —— 幸福，因為即使是債台高築，我對我從事的工作充滿了喜愛。

在我工作的時候，我堅持了多付出一些的原則，而且我並沒有希求得到甚麼報酬。

在多年的反對聲中，我完成了我的成功哲學，而且寫成了手稿，但開始並沒有動靜。我暫停下來，準備把這套哲學介紹我有理由相信會歡迎此哲學的人。

「上帝總是以神秘的方式來創造奇跡的。」以前

我並不相信，現在我改變了這種想法。我被邀請到俄亥俄州的坎頓市發表演說。我的到來事先已經做了充分的宣傳，我想肯定會有很多聽眾來的，但事實是，由於，同一天有另外兩個大規模的商界會議，前來聽我演講的人減少到了13人，不祥的數字。

我總是認為一個人無論從他的服務得到多少報酬，無論他所服務的對象共有多少人，也不管他服務的對象屬於甚麼階層，也一定要盡力做好自己的工作。我照常發表演說，彷彿這裏坐滿了聽眾，雖然我的內心充滿了傷感。命運之神竟然如此背棄我。在我內心深處，我認為我失敗了。直到次日我發現，我已在頭天晚上創造了歷史，這也是我的《成功法則》獲得成功的第一推動力。

演講結束後，我立刻從後門溜走了。回到我的旅館，因為我不想面對這13名「受害者」中的任何一人。

第二天，我被邀前往梅里特先生的辦公室，他是主動邀請我的，所以大部分時間是他在發言，他問我：「能否把你從童年到現在的經歷都告訴我？」

我告訴他如果他願意的話，我就講。他說他可以忍受，但在開始講之前，他讓我要客觀一些。他說：「我希望你講的全面客觀，好讓我看到你的靈魂，而不是選擇有利的一面。」

我一連談了3個小時，他聽得很有興趣。我告訴他的我的奮鬥，我的錯誤，當功利席捲我心時我所產生的想法和衝動，以及我靈魂的搏鬥。我告訴他我為

何要從事成功哲學的研究，又是怎樣在艱難地進行着這一切的。

我講完後，他說：「我想問你一個私人問題——我希望你能像剛才那樣坦率——你沒有積蓄，如果沒有，你知道原因何在？」

「沒有，我唯一的積蓄是經驗、知識及一些債務。理由很簡單，不過可能不太充分。事實是這些年來，我一直忙着收集資料，我沒有機會也沒有精力去賺一些另外的錢。」

讓我吃驚的是，梅里特先生先前的嚴肅神情有所緩和，他微笑了，把手搭在我的肩上，說：「在你沒有回答前，我就知道了答案，但我不知道你是不是已經意識到。你可能知道，你並不是唯一為了搜集知識而犧牲金錢等立即可得的報酬的人，事實上這是從蘇格拉底開始直到現在每個哲學家都經歷過的經歷。」

這些話對我猶如美妙的音樂，我將自己赤裸裸地呈現了出來，承認了我在奮鬥過程中走過的每一個十字路口，我的失敗，而這樣做也說明了「成功法則」的宣導者曾經也是一個失敗者。這看起來是多麼矛盾！在他的關注下，我感到了愚蠢，羞愧。

成功哲學竟然是由一個明顯的失敗者來創造和傳播的——這是何等的荒謬！

這個想法深深打擊了我，我把它表達了出來。

「甚麼？」梅里特先生驚叫：「失敗？」「你當然明白失敗和暫時的挫折之間的差別。一個人只要能創造出一個理念，能夠為後代減少困難和化解困境，這

個人就絕不是失敗者。」

　　我不知道這次會面的目的何在，但我的直覺告訴我梅里特先生希望找到一些事實，好回應報上對我的成功哲學的攻擊。這種想法緣於我曾和新聞界人士打交道，而當中有些人曾對我很不友善。但我還是在見面之初就決定告訴他實情。

　　但是，在我離開他辦公室之前，我們已經成了商業夥伴。在一切安排好之後，他將辭去目前報紙發行人的職位，專心幫我處理一些事。同時，我開始寫一系列的評論文章，登在他曾供職的報紙上。這些東西都是以我的成功哲學為基礎寫的。這一系列的文章寫後，有一篇引起了一個法官的注意。當時他是美國鋼鐵公司的董事長。如是，梅里特先生和他開始了通信，而加里法官也提議他們公司團購這個《成功哲學》。

　　幸運之神已在在光顧我了！

　　在漫長的艱苦的歲月中我播下了種子 —— 以付出多於所得的方式 —— 終於開始萌芽了。

　　儘管在我的計劃還沒有實施之前，梅里特先生遇刺身亡，加里法官不久也去世了。但是，那個我向 13 名聽眾演講的決定性的夜晚，引發了這樣一系列的事。現在一切都進展很好了。

思考致富（新編）

拿破崙·希爾　著

吳雲　譯

責任編輯　林雪伶
裝幀設計　明　志
排　　版　陳美連
印　　務　劉漢舉

出版

非凡出版

香港北角英皇道 499 號北角工業大廈 1 樓 B
電話：(852) 2137 2338　傳真：(852) 2713 8202
電子郵件：info@chunghwabook.com.hk
網址：http://www.chunghwabook.com.hk

發行

香港聯合書刊物流有限公司
香港新界荃灣德士古道220-248號
荃灣工業中心 16 樓
電話：(852) 2150 2100　傳真：(852) 2407 3062
電子郵件：info@suplogistics.com.hk

印刷

美雅印刷製本有限公司
香港觀塘榮業街六號海濱工業大廈四樓 A 室

版次

2019 年 4 月初版
2024 年 11 月第 3 次印刷
©2019 2024 非凡出版

規格

32 開（208mm x 142mm）

ISBN

978-988-8572-73-1

本書為長江文藝出版社授權的繁體字中文版。